すぐれた脳に育てる

手と指の実践トレーニング33

久保田　競
久保田カヨ子

BL出版

はじめに

この本の内容は、二十年程前に書いたものを改訂し、書き加えたものです。かつて、次代を背負う子供をすぐれた脳の持ち主として育て、無限の可能性を持って成長した大人になってほしいと願いをこめ、お父さんお母さんに問いかけました。ヒトとしての行動の仕方、とくに、赤ちゃんの脳の鍛えかたを、手を使うことを主として述べてきました。このことの持つ重要さは、二十年たっても変わっていません。

しかし、この二十年の脳研究の進歩はすばらしく、脳のどこが働くと、手がどのように動くかが、非常に詳細に分かってきました。さらに脳をどのように動かせると、どのようにうまく働かせられるかも分かってきました。脳を働かせないと、どうなるかも解ってきました。このような研究を科学的に行っている分野が神経科学です。

二十年前に言い切れなかったことも、最近の神経科学の研究で説明がつくようになりました。本書では最近得られた神経科学の知識に基づいて書き加えました。具体的には手の動き、手の動かし方は昔も今も変わっていません。単にわが子が器用に手が動かせるようにと言うだけでなく、すぐれた脳の持ち主になってほしいと願うとき、この神経科学の知識をもって、うまく教え導きながら育てることは、さほど難しいことではありません。さあ、お父さんお母さん、自分の手の動きの再訓練もかねて、器用に手が動くだけではなく、器用に脳の働くすばらしいお子さんを育ててください。

生まれたばかりの赤ちゃんは、ほとんど何も知りません、ほとんど何もできません。毎日の生活の中で、外の世界（環境）から情報を受け取りながら、受け取り方を学習していきます。そして手を器用に動かせるようになっていきます。そのことは赤ちゃんに新しい神経回路がつくられ、脳が動くようになっていくからです。毎日の生活の中で脳の働き方は変わります。使われ方で良くも悪くも、すぐれたものにも、劣ったものにもなります。脳は生活で変わる性質があります。脳には可塑性（どのようにも変えられる性質）があるからです。

本書は、手をうまく使わせることで、すぐれた脳の創り方を、具体的に書いたものです。手をうまく使うことができるのには、赤ちゃんが無駄のない手の使い方をするように手助けしてあげなくては、うまく使えません。大人ばかりの生活環境で、とくに最初のお子さんでは、手本となる動きを見る機会は少ないのです。お父さん、お母さんが、よい教師になって、うまく導いて下さい。本書を読まれて、正しく手を使うには、どの様に働きかけ、うながすと、赤ちゃんの能力が開発されるかも知ることができます。そのことを理解した上で、お子さんをすぐれた脳の持ち主に育て上げることに役立たせて下さい。

また、手が動くためのメカニズムを知ることと、最近の脳の研究を知ることは、大人になっても、手を器用に、正しく、動かすことの重大さが分かります。赤ちゃんの手本を示すために、大人も自分の手の動きを見つめて下さい。レベルアップする可能性はまだまだあります。また失われた機能回復のためのヒントにもなるはずです。

私は、三十五年ほど、サルの前頭葉の働きと構造の研究を、神経生理学者として続けてきました。始めた頃には、「手と脳」の研究論文は月に五編ほど発表されるぐらいでした。今や、日に五編ほどになっています。「神経科学」の専門雑誌には、膨大な数量の「手と脳」の論文が発表されています、「サイエンス」や「ネイチャー」といった科学者と技術者のための科学週刊誌にも、ほぼ毎号、「手と脳」の論文が発表されています。新聞やテレビやラジオにも、「手と脳」の研究成果の紹介の記事が増えてきてます。二十一世紀の始めになって、神経科学の研究成果を、育児や教育に利用することが可能になりました。研究成果を利用した方が、すぐれた脳に育てることができるといえるのです。研究成果を利用しなかったら損です。本書は、その成果と私たち夫婦の育児教育の体験をもとにして、書かれています。

「手と脳」の研究は、ヒトでは、手を使っている時の脳の局所の血液の流れを測定して、それを眼で見えるように、視覚映像化します。そして脳のどこが手をどう動かすかを調べます。サルでは、脳の中で情報を伝える働きをしている細胞、ニューロン（神経細胞）が、手を動かす時にどう働いているかを調べます。このような研究が、世界中で大変盛んで、日本人の研究業績にも、誇れるものがたくさんあります。「手と脳」に限らず、脳一般に当てはまりますが、二十世紀末に書かれた啓蒙書は、古くなっています。間違った考えや不完全な知識が紹介されています。注意深く読む必要があります。

以下は、本書の実践編を読む時に役立つ「手と脳」についての知識、「手と脳」の神経科学のまとめです。

手と脳の神経科学

A）手と脳の関係、把握反射を中心に

神経科学（ニューロサイエンス）とは、神経系の構造と働きを研究する医学、生物学の一分野です。手の神経系の研究は、十九世紀後半から二十世紀後半までは、脳、なかでも大脳で行われてきました。大脳生理学、神経生理学、神経解剖学、精神薬理学といった専門分野で行われていました。最近は単独分野だけでの研究では、「手と脳」の関係を総合的、包括的に理解することはできないことが分かってきたので、いろんな分野の専門家が協力して、脳の働き（生理学）、形（解剖学）、物質（生化学）の変化を調べています。総合的に「手、足や言語と脳」の関係を調べる分野を神経科学と呼んでいます。多細胞動物には、外の世界から情報を受け取る感覚神経系と、外の世界に働きかける運動神経系と、感覚系と運動系とを結びつけている統合神経系がありますが、これら

の神経系の構造と働きを研究するのです。脳と脊髄に含まれる部分が中枢神経系で、それ以外が末梢神経系です。大脳は、神経系の中で一番重要な部分で、神経系の最高中枢です。大脳の表面は大脳皮質と呼ばれています。大脳皮質は場所によって働きが違います。

図1は、大脳皮質の大きな区分け（四つの葉）とおおまかな領野分け（十一の野）を示しています。大脳皮質の前にあるのが前頭葉、てっぺんにあるのが頭頂葉、横にあるのが側頭葉と後ろにあるのが後頭葉です。体のなかで、平面で広がっているところを、解剖学では、葉と呼んでいます。葉はさらに領野（領域や領野）に分けられます。領野は、それぞれ、独特な働きを受け持っています。前頭葉には、前頭連合野、運動連合野、運動野や運動性言語野があります。頭頂葉には、体性感覚野、体性感覚連合野、頭頂連合野があります。側頭葉には、上側頭野、下側頭野と感覚性言語野があります。後頭葉には、視覚連合野と視覚野があります。大脳皮質は場所によって機能が違い、独特の働きを役割分担していることを、大脳皮質には機能局在があるといいます。各領野は、それぞれ、特定の領野と神経連絡しています。

図2は、手と脳の関係（手の感覚神経系と手の運動神経系）を、模式的に示したもの

図１　脳の表面（大脳皮質とその役割分担）

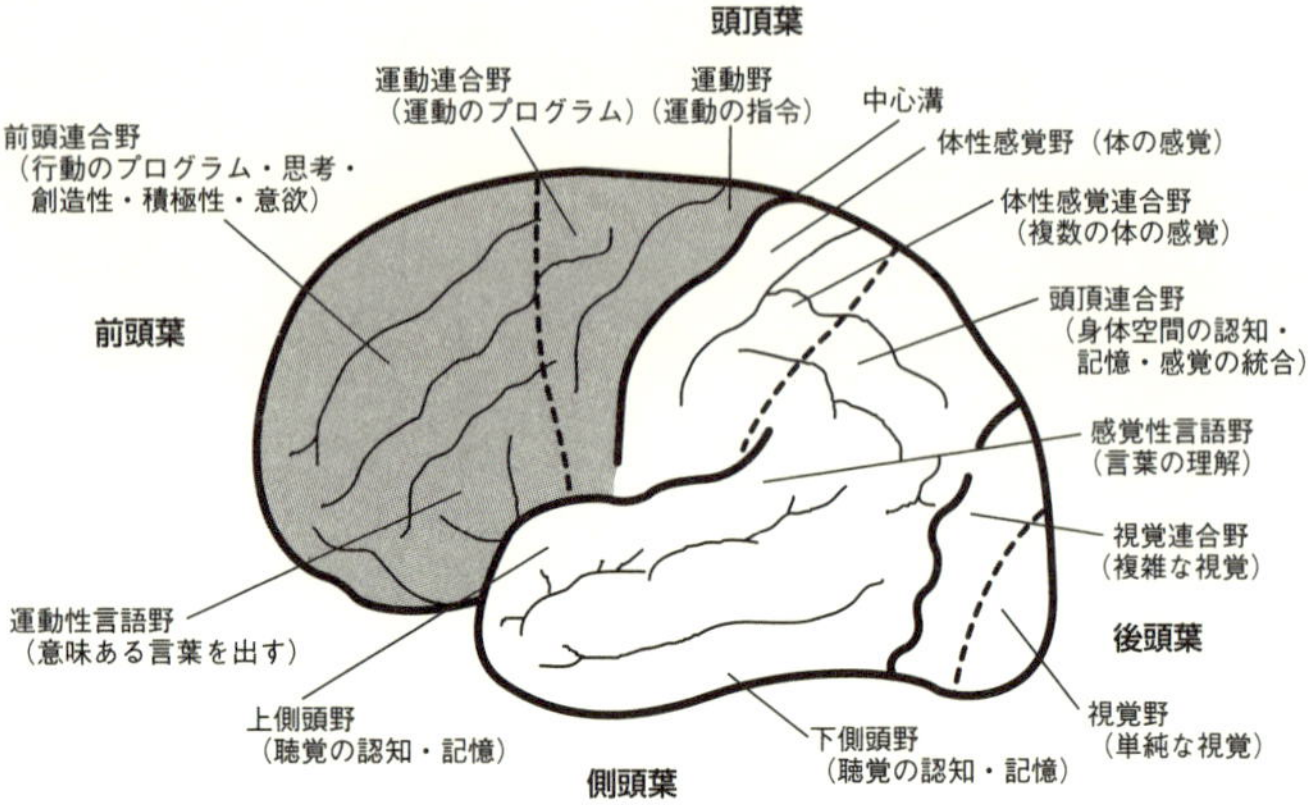

図２　手と脳の関係（手の感覚系と運動系）

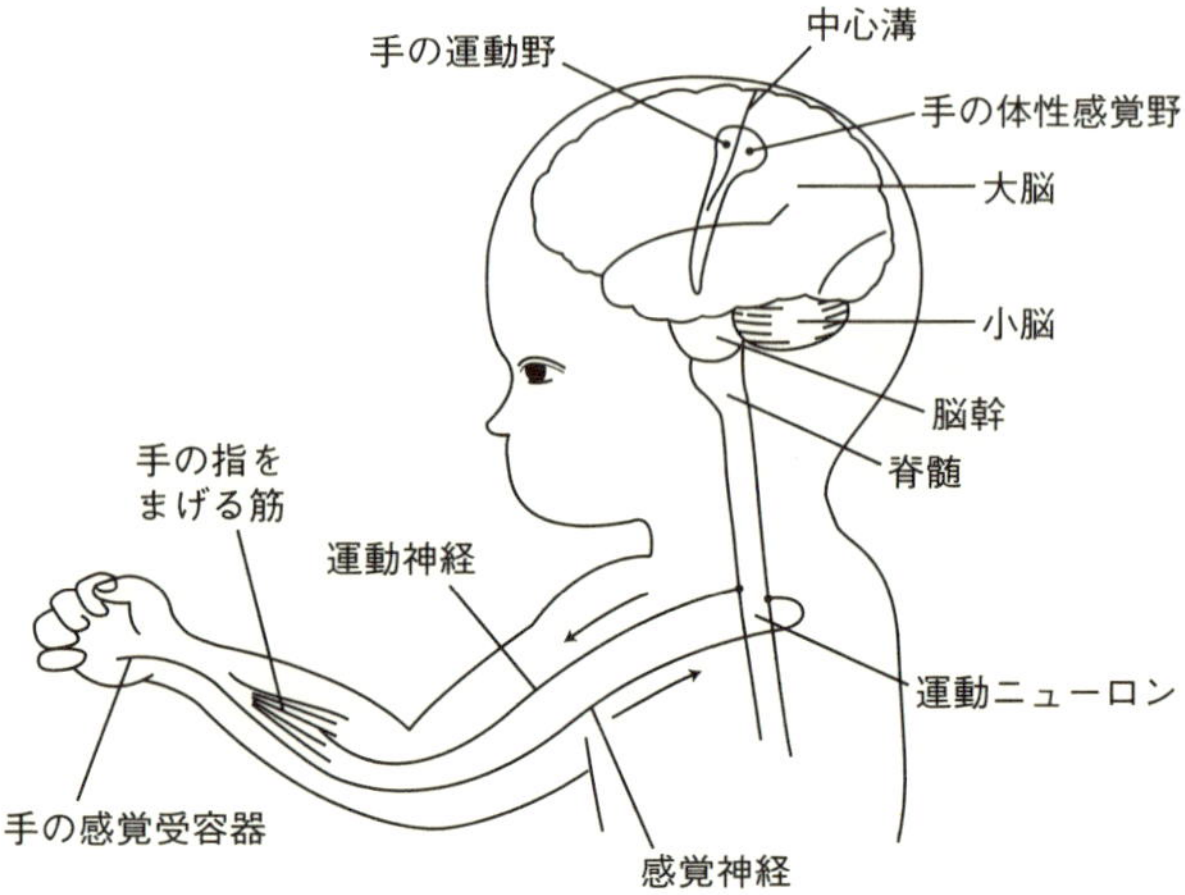

です。頭蓋骨の中にある部分が脳で、大脳と小脳と脳幹があり、脊髄に続いています。大脳の表面が大脳皮質です。

手のひらには、外の世界の物理的な変化に対応して反応する感覚受容器があります。手のひらに触れると感覚受容器が働いて神経活動が発生します。その神経活動は感覚神経を通り、脊髄と視床を通って、大脳皮質の手の体性感覚野（体の感覚を受け取る領野）へ運ばれます。ここで手のひらの感覚（触覚、圧覚や痛覚）が発生します。手の体性感覚野の前の方（額に近い方）には、中心溝を挟んで、手の運動野があります。手の運動野のニューロンが神経活動を起こして、その活動が脊髄の運動ニューロンに達し、つぎに運動神経を通って手の筋肉に伝えられます。

手のひらに物が触れると、手の体性感覚野のニューロンが働いて手の触覚が生じます。手の運動野のニューロンが働くと、手の筋肉が収縮して手の運動（例えば、握る）が起こります。

手の感覚神経系と手の運動神経系が働くだけでは、手は使い物になりません。感覚と運動をつなぎ、外の世界へ働きかけることを可能にする系統（手の統合系）が必要です。それは大脳皮質の連合野にあり、感覚系と運動系とを相互連絡しています。図3は、手と脳の関係（手の体性感覚系と手の運動系とそれらの関係）を、模式的に示しています。手のひらをひねって、痛み刺激を与えると、手を引っ込めます。体が傷つかないように、体を護る防御反射が起ります。手のひらの皮膚にある痛み受容器が働いて、痛みを伝える感覚神経に神経活動が発生します。この神経活動は脊髄に入って、運動神経に伝えられ、手の筋肉を働かせるのです。痛み情報が大脳皮質の体性感覚野に伝えられて、「痛い」ことが知覚されるよりも前に、手が動きます。脊髄があれば、起こるので、脊髄反射と言われています。

手のひらにボールをのせてやります。ボールを眼で見れば、ボールだと分かりますが、手のひらの感覚（触覚や圧覚など）だけでボールと分かるには、複数の手の感覚を連合させて理解させる、手の体性感覚連合野が働きます。

手のひらのボールを落とさないように握ったとします。この時には、手の体性感覚連合野のボール情報が、手の運動連合野に伝えられ、さらに手の運動野に伝えられて、「握れ」という運動指令が手の筋肉に伝えられ、握る動作が起こります。手に触れたものをその手で操作するときには、触れると感覚情報がつくられ、手の体性感覚野に伝えられ、感覚がつくられ、手の体性感覚連合野でどんなものかが理解され、その感覚情報

図3　手と神経回路

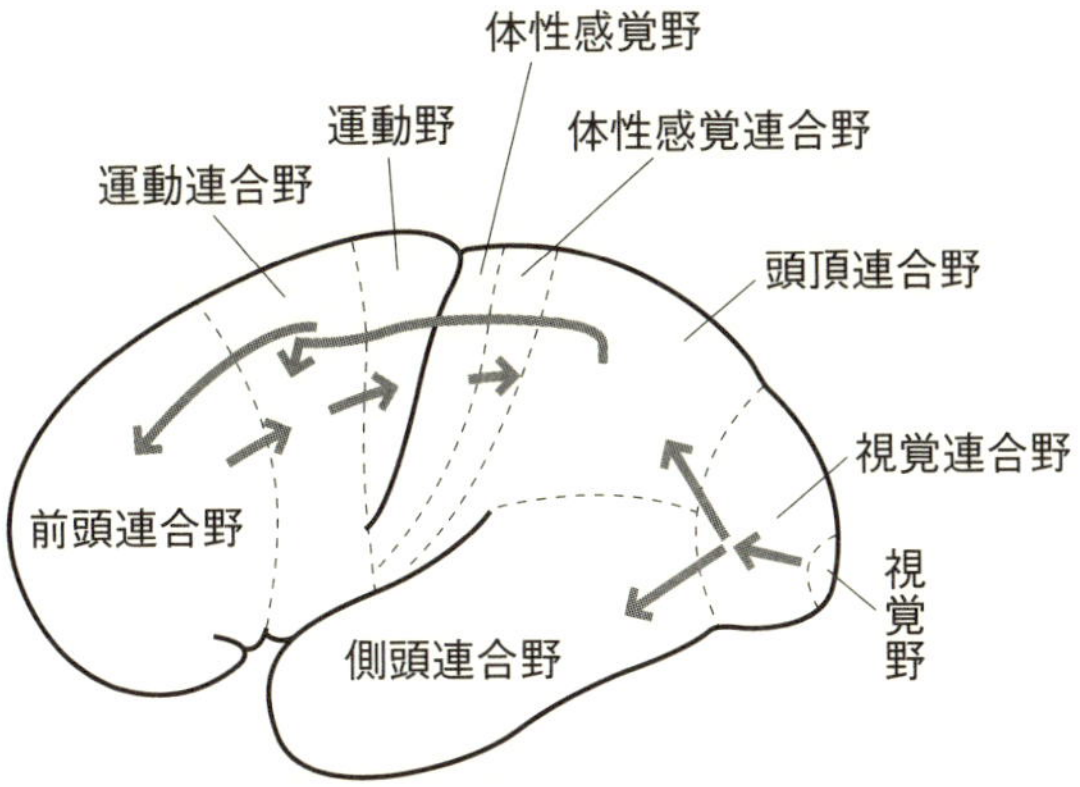
体性感覚野
運動野
体性感覚連合野
運動連合野
頭頂連合野
視覚連合野
前頭連合野
視
覚
野
側頭連合野

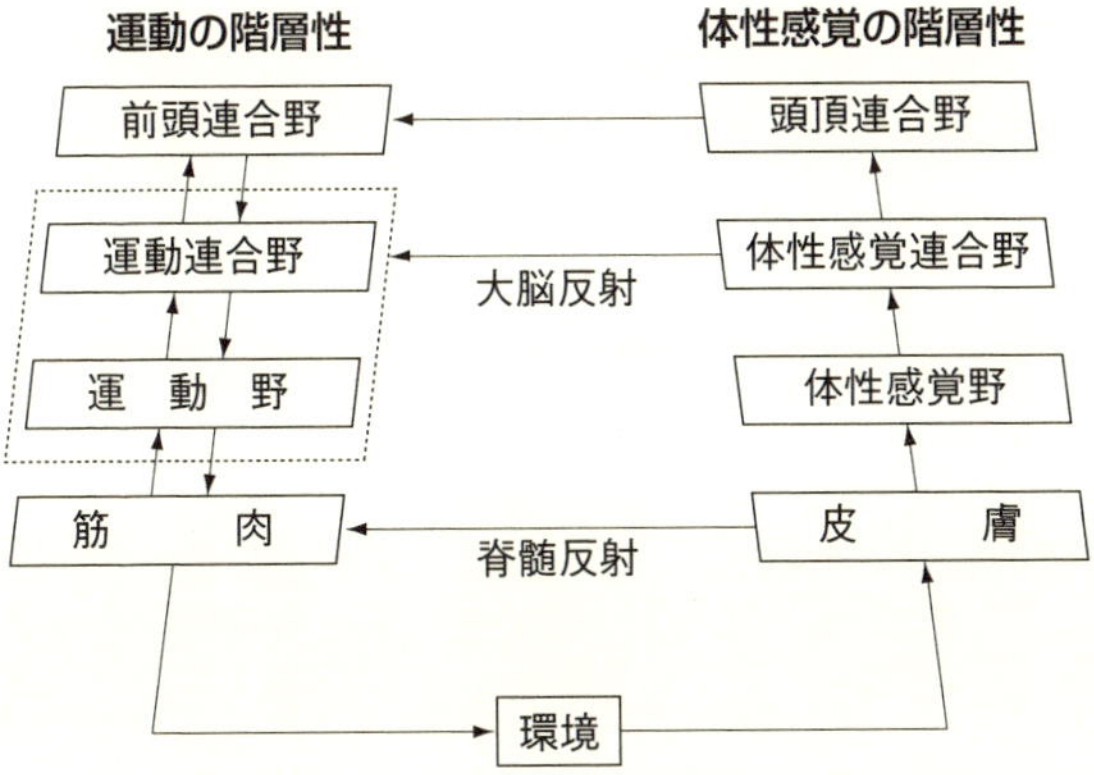
運動の階層性
体性感覚の階層性
前頭連合野
頭頂連合野
運動連合野
体性感覚連合野
大脳反射
運　動　野
体性感覚野
筋　　肉
皮　　膚
脊髄反射
環境

をもとに、運動連合野がどんな運動をするかを決めるのです。運動連合野は行う運動のプログラムを作っているのです。

図3の上は、図1を簡単にしたもので、左の大脳皮質のおおまかな区分け（領域に分けられ、野とよばれている）を、図3の下のブロック図は、手のひら刺激から手の運動が起るまでの神経回路を示しています。手の感覚情報が脳に送られ、運動情報に変換され、手の収縮が起ります。領域の間でも、領域の中でも、ニューロンがあって、シナプスと呼ばれる構造がニューロン間をつないでいます。このつながりがあるために、神経情報が脳内で送られるのです。

生まれたばかりの赤ちゃんは、手を握っています。自分の意志で握っている訳ではありません。手のひらに物がふれると、さらに強く握りしめます。手のひらの触覚刺激で手の握る筋肉が収縮したために起こるのです。把握反射が起こっています。五本の指と手のある動物、霊長類だけに備わっている反射です。霊長類で大脳皮質を除去してしまうと、この反射は出なくなります。だから、大脳経由で起こる反射、大脳反射と考えられています。霊長類の大脳皮質の働きが、良く分かってない一九三〇年ごろに、大脳皮質破壊の実験がおこなわれ、その後あまり研究されていないので、把握反射の経路の詳細はまだ分かっていません。おそらく、図2で説明した回路が働いているものと思われます。赤ちゃんが物を握ることを覚えるのに、把握反射を利用すると、たやすく覚えさせることが出来ます。手のひらに物をあてて動かして、把握反射を誘発するのです。赤ちゃんの手のひらに、赤ちゃんが興味を持つ物を置いて、見てもらうようにします。そして、「握ろう」と号令をかけ、置いたものを左右に少し動かします。くり返し練習すると、手のひらにある物体を見て、自分の意志で握るようになります。

把握反射は、生まれつき備わっている神経回路が働いて起ります。ニューロンが継ぎ目（シナプス）を介してつながって出来ています。継ぎ目が働くと、伝達物質が分泌されて、つながっているニューロンにシナプス電位を発生させて、神経活動を発生します。この活動が次につながるニューロンにシナプス電位と神経活動を起こします。このニューロン結合は使われると、シナプスがつくられ、シナプス電位と神経活動が強く出るようになり、使われないと弱くなります。極端な場合、シナプスが無くなってしまい、働きがなくなります。シナプス結合は、ニューロンが働くと、つくられ、働かないと無くなっていくのです。使用—非使用の法則が働いています。把握反射は起こしていると、回路がつながっているので、起こりますが、把握反射を起こさないでいると回路が無くなっていくので、起こらなくなります。

ニューロンがつながってできている回路は、脳のどこでも、使うと、働くようになり、使わないと、働かなくなります。シナプスの構造と働きが変わるのです。

B）視覚到達運動（ビジュアルリーチング）とマニプレーション

指でなにか操作をする時には、手を操作する対象に持っていかなければなりません。コーヒーカップに入れたコーヒーを飲むためには、手をコーヒーカップの取っ手に近付けて、つかまなければなりません。コーヒーカップに手を持って行くのが視覚到達運動（ビジュアルリーチング）で、指で操作するのがマニプレーションです。図3に示すように、外の世界の情報は、眼から第1次視覚野に送られます。この視覚情報は、視覚連合野を通って、側頭連合野と頭頂連合野に送られます。側頭連合野は見たものが何かを理解します。コーヒーカップである事が分かります。頭頂連合野は、見たものがどこにあるかを理解します。机の上にある事が分かります。コーヒーカップを手に持つかどうかは、前頭連合野が働いて決めます。側頭連合野と頭頂連合野の視覚情報は前頭連合野に送られます。前頭連合野はどんな行動を起こすかを決めています。つまり、行動のプログラムをつくっているのです。コーヒーカップに手を近づけて、取っ手をつまみ、口へ運んで飲むという行動を決め、そのやり方を運動連合野に伝えます。運動連合野は手の運動をどのような順序で行うか運動のプログラムをつくり、運動野に送ります。運動野は、それに従って、手と指の筋肉に運動指令を送り、つぎつぎと順番に、手の筋肉を働かせます。

手を使ってどんな行動をするかは、前頭連合野が考えて、計画を立て、運動連合野に伝え、運動連合野がどのように手と指を動かすかを決めて運動野に伝え、運動野が運動の実行指令を出すのです。手の行動や運動を繰り返し行うとできるようになります。行わないとできるようにはなりません。使われる脳領域の中や相互間にシナプスによるニューロン結合ができるのです。手の行動や運動を繰り返すことで、シナプスが出来て働くようになり、運動や行動が学習されるのです。

繰り返し、繰り返し、手の行動と運動を行うと上手にできるようになります。使わなくてもよい筋肉は働かなくなり、スピードも速くなります。上手にできることを巧緻性があるといいます。前頭連合野にシナプス結合ができる事で、行動がうまくできるようになり、運動連合野と運動野にシナプス結合ができる事で運動がうまくできるようになります。

指を動かす、つまりマニプレーションのとき、運動野のニューロンが働いて、次に脊髄の運動ニューロンが働いて、手の筋肉が働きます。運動野ニューロン活動が高いほど、発生する力は大きくなり、スピードも速くなります。

運動連合野は、高次な運動の調節に関係しているといえます。一番大事な働きは感覚と運動の連合を作るということで、眼で見た物に手を出すことは、特定の視覚刺激に特定の手の運動をすることで、視覚刺激を受け取る運動連合野ニューロンと運動野へ運動せよと指示する運動連合野ニューロンとのあいだに機能的つながり（連合）が出来なければなりません。このつながりはシナプスが出来て可能となるのです。運動連合野が、視覚と手の運動を連合する働きをしているだけではありません。触覚も他の皮膚感覚も、聴覚も、視覚と同様に連合してくれます。

C）手の運動行動の計画執行と前頭連合野

折り紙でツルを折る場合を考えてみましょう。何を折るかを考えるのは、前頭連合野がしています。ツルを折り終えるまで、そのことを覚えていなければなりません。何かをするために覚えていることは、前頭連合野の働きで、その記憶のことをワーキングメモリー（作業記憶）といいます。折る順番は、運動連合野に記憶されています。運動連合野が運動野に、個々の筋肉の運動の力やスピードをどうするかを伝え、運動野が手の筋肉に運動の指令を送ります。折っている途中で、ツルの出来具合の情報は手や眼から脳へ送られ、側頭連合野と頭頂連合野を介して、運動連合野に伝えられ、作り方の修正が行われます。最後にツルが折り上がると、ツルを折るという記憶は忘れてよいのです。ツルを折る行動の計画は前頭連合野が行い、行動の執行は前頭連合野の指示にしたがって行われ、運動連合野と運動野が執行します。何を折るかを考えて実行することで、前頭連合野、運動連合野と運動野の働きが良くなります。計画を考える、計画する、記憶する能力が増し、運動連合野にいろんな運動の仕方を記憶し、器用な手の動きが出来るようになるのです。神経回路が出来ていきます。

前頭連合野は、考えて問題解決をするときに働いています。うまく問題解決のできる人が頭の良い人です。外の世界の事柄を記憶して、知識を増やしても前頭連合野を働かせないと、知能指数は高くなりますが、頭は良くなりません。一般に使われている知能テストで前頭連合野の働きをテストしているものは見当たりません。

行動や運動の仕方を学習するときに、うまく学習するのに大切なことが二つあります。このことは、赤ちゃんや子供に限られたことではありません。第一はミラーニューロンを働かせること、第二は中脳皮質ドーパミン系を働かせることです。

ミラーニューロン（鏡神経細胞）は運動連合野の外側部分にあります。コーヒーカップを手にもって口へ運ぶ手の運動をしたときに、働きます。図4にミラーニューロンの働き方を模式的に示します。bでは、サルの運動連合野と運動野のニューロン活動を記録しているとき、サルが目の前の食べ物に手を出して、口へ持っていくときのニューロン活動です。運動連合野のニューロンが働くと、少し遅れて運動野ニューロンが働いて、サルの手が口の方へ移動します。

aは、実験者が、サルがしたのと同じ動作を、サルにして見せたときのニューロン活

図4　サルの運動連合野のミラーニューロンの活動

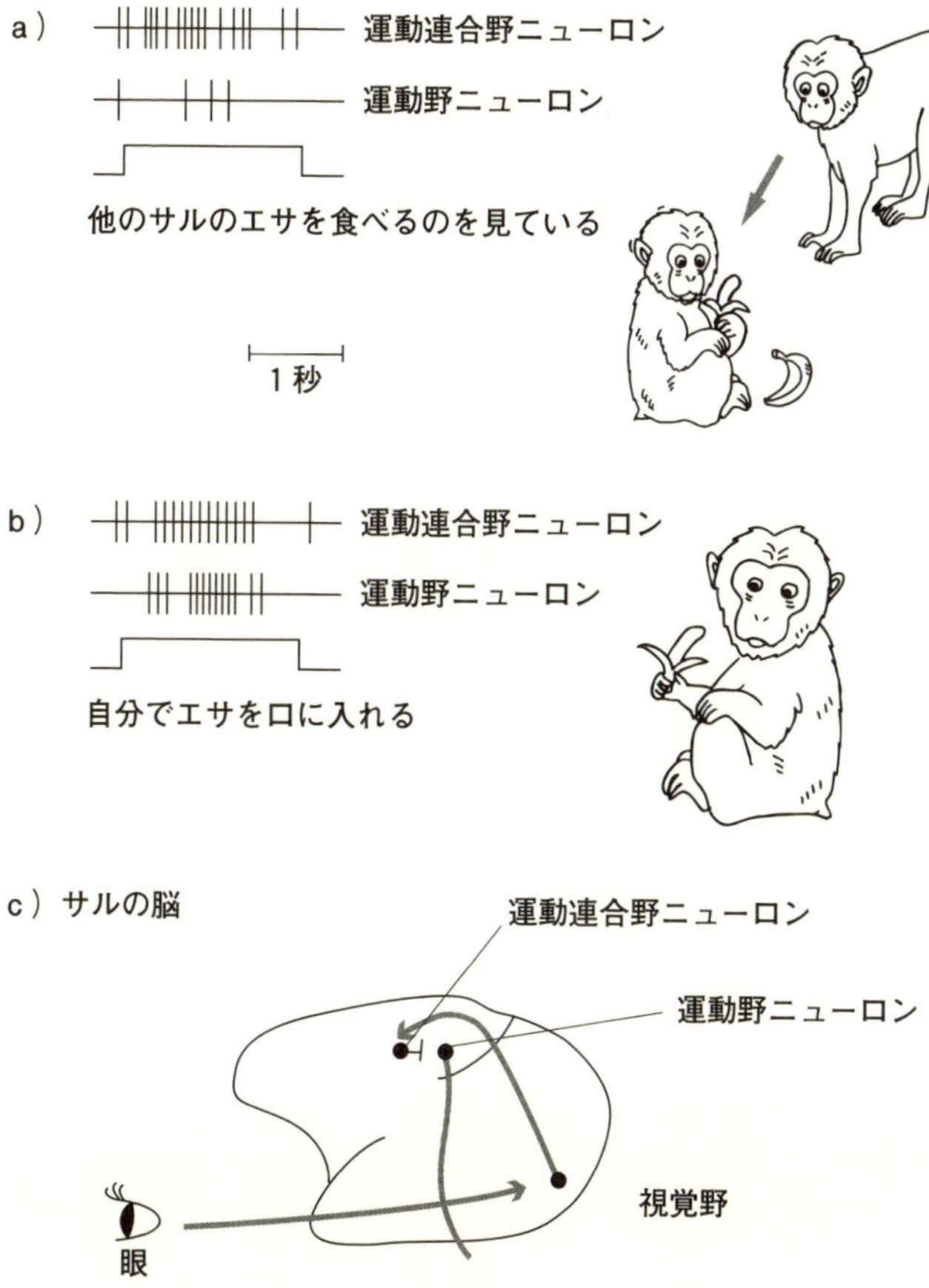

動です。運動連合野ニューロンは、bと同じように働きますが、運動野ニューロンは働かないので、サルの手は動きません。運動を鏡で見せたときのようだと考えて、このような活動がミラーニューロンと名付けられました（一九八九）。ミラーニューロンは手の運動をたすけています。教師と生徒で同じ手の運動をします。生徒は先生の手の運動を見ながら、同じ運動をするのです。生徒は見てしたほうが、運動連合野ニューロンを多く働かせるので、たやすく運動ができます。教師は、運動の仕方が悪い時には、直すように指示します。赤ちゃんに手の動かし方を教えるときには実行してください。真似して運動したほうが易しいのは、ミラーニューロンが働いているせいだろうと思われます。

中脳皮質ドーパミン系とは、前頭葉の働きを調節しているシステムです。図5に、中脳皮質ドーパミン系の模式図を示します。脳の幹の部分（頭の中で、底にある部分で脊髄につながっている部分）の腹側被蓋（ふくそくひがい、A10神経核ともいわれる）にニューロンがあり軸索を前頭葉の皮質にだして分枝しています。腹側被蓋が働くと分枝の末端のシナプスでドーパミンを伝達物質としてだし、前頭連合野、運動連合野と運動野の働きを高めてくれます。考える能力、計画する能力、ワーキングメモリーの能力、注意をむける能力、やる気など前頭連合野の働き、運動のプログラムをつくる運動連合野の働き、運動指令のだし方（出す力、スピード、器用さ）などが良くなります。腹側被蓋のニューロンを働かせて、ドーパミンをださせるには、食べ物を取ること、特に美味しい食べ物が有効です。褒めることも良い刺激になります。シドニーオリンピックのマラソンに優勝した高橋尚子さんは、小出良雄監督に良く褒められたそうです。そのことが優勝につながったと本人が言ってます。快感を起こす刺激はすべてドーパミンを分泌してくれます。異常な刺激（高い音、痛み、暑さなど）も腹側被蓋ニューロンを働かせます。赤ちゃんが手を動

図5　中脳皮質ドーパミン系

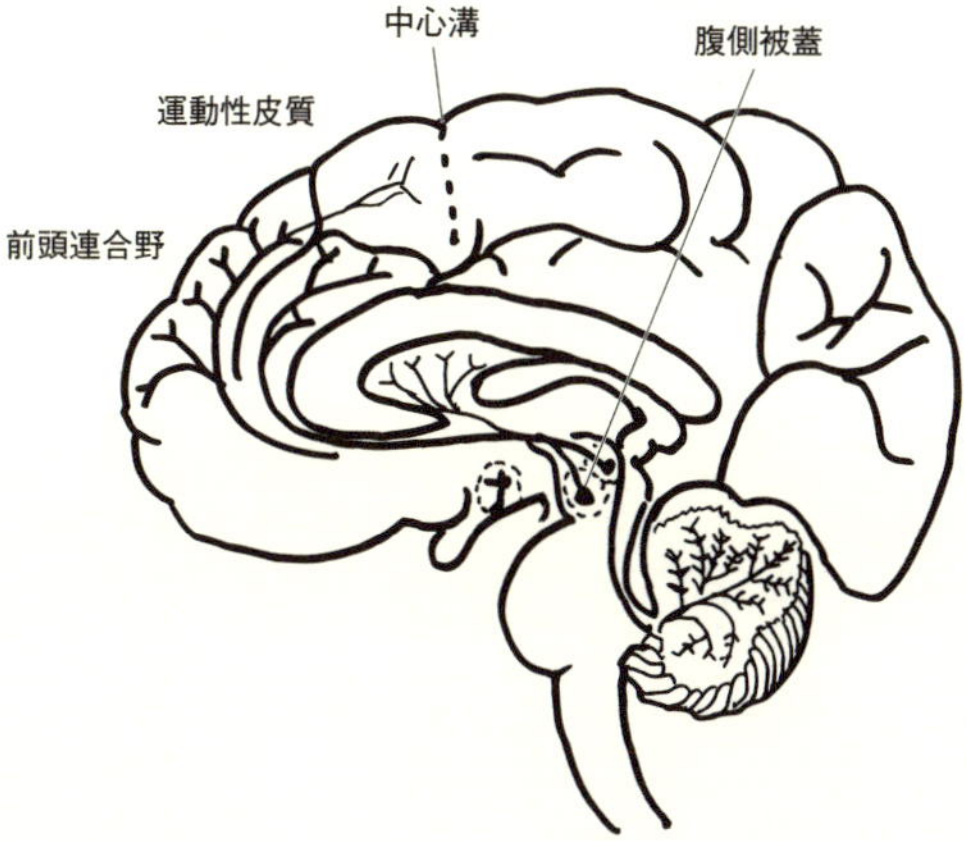

かしたあとは、理由をつけて褒めてあげましょう。言葉だけでなく、他の感覚器（皮膚など）からも入力しましょう。

D）最後に、脳力を高めるために手を使おう

手は使うことで、使えるようになります。いったん正しく、美しい姿勢で使えるようになった手の動きも、使っていないと、うまく使えません。また後で正しくない癖をつけて使っていると、その癖を覚え、良い使い方から遠のいていきます。絶えずうまく使えるかどうか、チェックしたり、正しい使い方でトレーニングしていくといいのです。毎日使う箸も注意して使っていれば応用もきき、同じ動きの動作は直ぐ美しく正しい動きができるようになります。

手を創造的に使ってこそヒトの手といえます。何かをつくりだす手、今までに無かったものをつくりだす手は、前頭連合野をフルに活用し、そして器用に早く動かすことができてこそ素晴らしい働きをするのです。今までにヒトが考えた最高の道具はコンピュ

ータでしょう。ヒトの脳の代わりの働きをしてくれます。ただし、プログラムを書いて、キーボードを叩かないと動かせません。溢れる創作的アイデアも、個性豊かな文章も、手の動きがついていけない程遅くては、うまく表現できないでしょう。例え、指一本でも、早打ちできるよう熟練をしていなくては、十分の働きをしてくれません。コンピュータといえども、手が自分の脳の働きにふさわしい動きがなくては、使いこなせません。

手を使う道具は、正しい使い方を最初に体験し、それを繰り返しトレーニングしてこそ、道具をうまく使いこなせて役にたつのです。赤ちゃんの手にする道具、おもちゃにも、基本的な手、指の動きをして、遊べば、楽しい思い出とともに、手も器用になり、動き応用がひろがり、新しい道具もすぐ使いこなせます。果敢に、新しいことに挑戦し、積極的建設的に生きていって欲しいものです。

身近な例をあげ、指使い、手使いを取りあげました。まずお父さんお母さんは前もって練習して、名トレーナーになって先ずやってみてください。赤ちゃんは大好きなお父さんお母さんの真似しだいなのです。真似から動きを覚えます。

本書を、手を使って、すぐれた脳を作るのにお役に立てば幸せです。

すぐれた脳に育てる——もくじ

本文イラスト／おかべ　りか

グーとパー

「にぎる」は手の基本動作。
赤ちゃんは、自分の意志で、手を動かせません。
生まれながらに持つ反射をうまく使って、
さあトレーニングの始まりです。

生きるための反射の適切なトレーニングを

「オギャー」——元気な声をあげて産まれてきた赤ちゃん。生きていくのに役立つ、いろいろな反射を身につけています。

反射の一つに、手を握りしめる反射、把握反射があります。手をしっかり握りしめ、こぶしを胸もとにかかえこむようにしている赤ちゃんもいれば、フワーッと指をのばし、手を広げている赤ちゃんもいます。同じような体重で、同じ月満ちて出産しても、この違いが見られます。

しっかりしたこぶしの力強い把握反射を持って生まれた赤ちゃん、ステキ。手の動きを教えやすい赤ちゃんです。なぜなら、握ったこぶしに、棒などを差し込んで引き上げると、全身の重さをかけても、手のひらが開かないほどの強さがあるのです。

この反射は、手の働きかけに大切です。しかし、手をパーッとしている赤ちゃんにはまず握るということをうながす働きかけがいります。

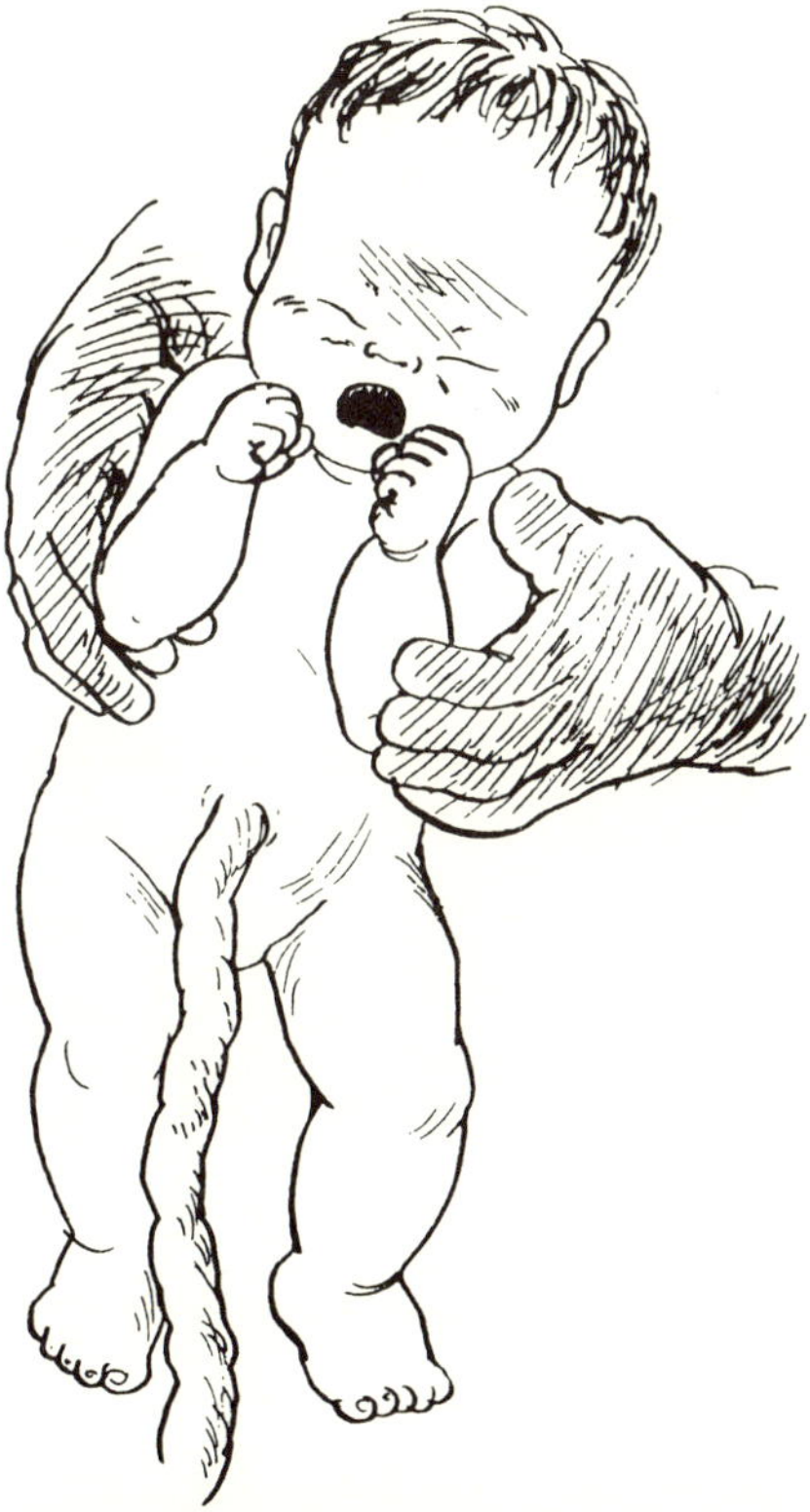

赤ちゃんは生まれつきいろいろ
な反射を身につけています。

〃グー〃の赤ちゃん

〃グー〃の赤ちゃんには、お母さんの小指を握らせ、その小指を動かすことで、赤ちゃんに自分の手や、指の存在を知ってもらうことを早められます。

お母さんの小指を動かすと、赤ちゃんはそれに合わせるように強く握りますので、赤ちゃんの指がはなれない適度に動かします。上下、左右に振ったり、ひじまで動かすように働きかけて下さい。把握反射から、反応に導くための働きかけです。

赤ちゃんが自分の意思で手を動かしたり、手の動きを止めたりできないからといって、何も教えられないわけではありません。生後しばらく残っている把握反射を通して、正しい握り方に必要な筋肉の力をまずつけることが、この時期の大切なトレーニングなのです。

"グーの赤ちゃん"

〝パー〟の赤ちゃん

〝パー〟の赤ちゃんは、把握反射のよわい赤ちゃんです。指がふぁーっとのびています。大きな音に驚いても、手指をパーっと拡げてその後もにぎりこぶし状態になりません。

お母さんが手をそえて握らせようとしても意外に強い抵抗にあいます。握りこぶしが出来ず、どこかふぁーっとのびた指があったりします。力まかせに握らせないで、スキンシップもかねて、柔らかく、やさしく、何度も繰りかえし握りこぶしが出来るよう働きかけます。〝パー〟の赤ちゃんこそ、手助けのトレーニングが必要なのです。

働きかけのポイント

手の甲側を手首から指先にさすると、手が開くよう動きます。手のひらを押すと、指先が曲がって来ます。手のひらの中心部を折りまげるように強く圧してやると、手は握ろうとします。手の甲、手のひらにふれながら、やさしく声かけして、曲げて、のばし

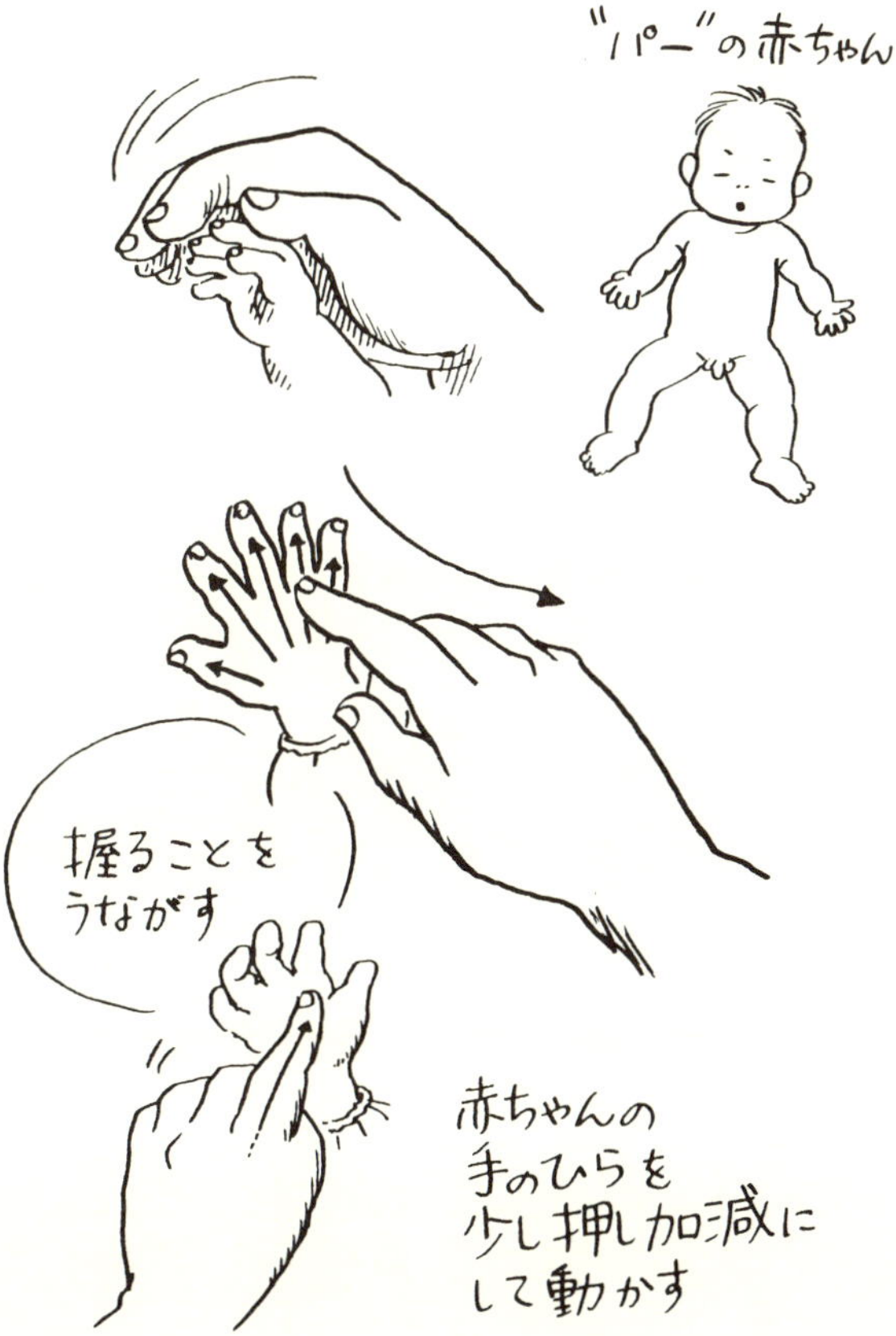
"パー"の赤ちゃん
握ることを
うながす
赤ちゃんの
手のひらを
少し押し加減に
して動かす

てを繰りかえしを、数度くり返してから、握ぎ握ぎをしっかり手をそえてして下さい。

赤ちゃんのそばにいるときは、指先をつまみ、まず指先が内側に曲がるよう、赤ちゃんが自分からしてくれるように、気長に繰り返し、握る反応を出やすくと働きかけます。手や、指をさわってやることで、刺激に対する反応の仕方をよく観察してください。

把握反射の段階をとばして反応を身につけるのですから、くり返すことが大切です。手のひらの中のものを、ともかく握れるようになるまでは時間がかかります。

注意としては、指先の第一関節の曲がり方が、他の指関節の曲がりより少なくならないようにすること。全体に丸い握りこぶし、手首も内側に曲がっているような形が、しっかりした握りこぶしです。

この時、足にも把握反応があります。足の裏（土踏まず）のところを圧すと足の指が曲がります。二足走行につながる働きです。足も一緒にさわってやって下さい。

「にぎる」実践

赤ちゃんが自分の意志でものを握るときのために、
把握反射を利用して
無理なく指や腕の力をつけてあげましょう。

離したくても離せない

赤ちゃんが小さなおもちゃを握り、その手を振っています。そのとき、よく見てください。握り方がぎこちなく、全身もふるえています。ときには手を振りながら泣いたり、むずかったりします。それでもおもちゃを手から離そうとはしません。

赤ちゃんは自分の手の中にあるものを、それが何だかわからないものの、意識はできています。しかし、自分の意志で離すことができないのです。重くていや、音がいや、だから離したいと思っても、それができません。このようなときの握り方はとても強く、把握反射が強く残ったにぎり方をしています。

握りこぶしをしているときに注意することは、いつも親指が他の四本の指の中に入っていて、強く押さえられていることです。この親指は棒の代役です。この握り方を長く続けると親指の力が強くなりません。ときどき親指を外に出して正しい握り方に直してあげて下さい。

◈「にぎる」実践

腕の筋肉も鍛えましょう。

次のページのように、お母さんの小指を握らせます。赤ちゃんと相対して、両手を握らせるときは、お母さんの中三本の指を赤ちゃんのこぶしの上、指の第二・第三関節の上に軽く触れ、急に赤ちゃんが力を抜いたときの用心をします。

片手だけ握らせるときは、他の手でカバーして、急に力が抜けたときに赤ちゃんを落とさないように気をつけてください。

両手の小指を一度に握らせる時は、しっかり指がからまっているかたしかめて、赤ちゃんの肩が少し浮く適度持ち上げます。頭が床にまだ着いていますが、手首、ひじは伸びきっています。この姿勢を保ちゆっくりと二〜三度上げおろしします。下げた時の頭の着地の仕方をよく見て下さい。素直に自然な動き、首がぐらつかないようになるまでは、頭をもち上げません。注意して下さい。次は、頭をもち上げるステップになります。

頭が床から離れるまで、手をもち上げます。五〜六㎝浮かす。二〜三度してから、上体を起こします。四十五度ぐらいまで、静かに下ろします。首のぐらつきに注意して下さい。

とくにはじめて上体を起こすときには、お母さんは股を広げ、間に赤ちゃんの頭を置

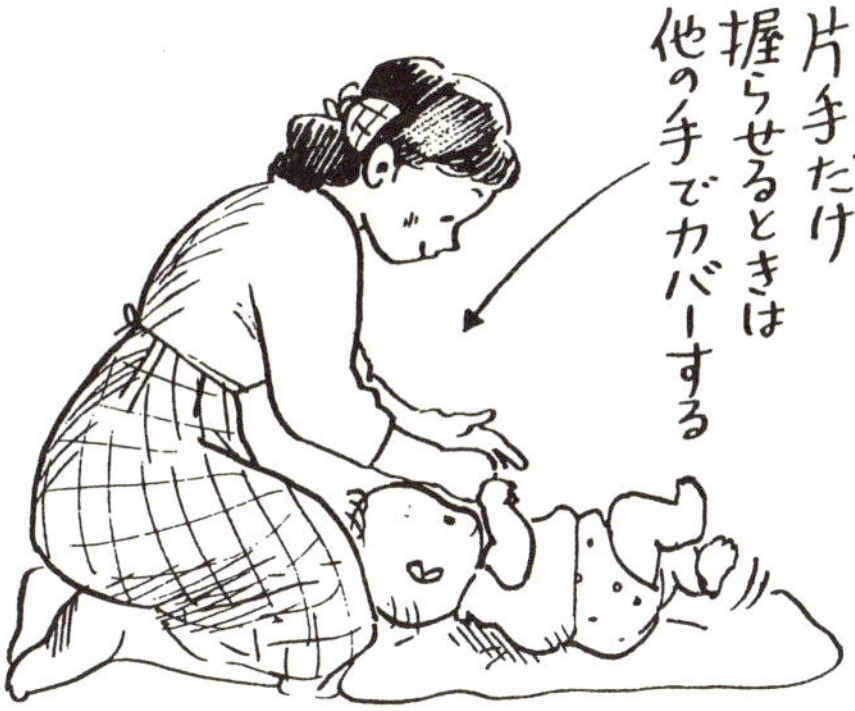
片手だけ
握らせるときは
他の手でカバーする

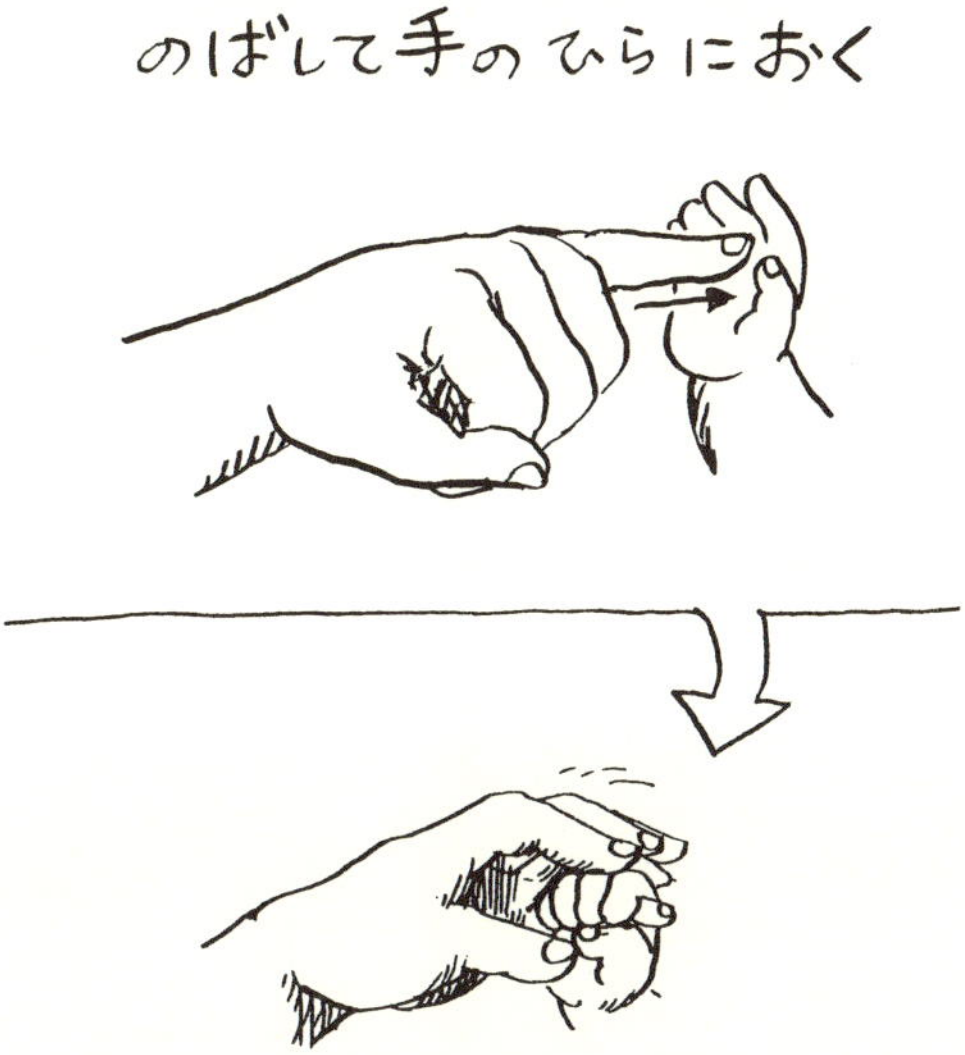
のばして手のひらにおく

き、赤ちゃんの上体を起こしながらヒザを閉じていくと、危険度が少ないのではないでしょうか。

把握反射は日を追ってだんだん弱くなり、生後一ヵ月半でなくなるのが普通です。そうなると自分の体重などとても支えられなくなり、お母さんの小指にまきつけた指をほどきだします。しっかり持てるには、筋肉がそれだけの力を出せるように発達しないとできないのです。

また、赤ちゃんはいつ、指をパッと広げるかわかりません。つねに細心の注意をはらって、指の離れにすぐ応じられる態勢を手首をもっておこしてはいけません。

〝ニギニギ体操〟のすすめ

私が子供にした〝ニギニギ体操〟を紹介します。最初に、肩口から指先までさすります。丸く握ったこぶしの上から、お母さんも同じようにカバーして握り、二、三回強く握ってから、赤ちゃんと相対して両手の小指を握らせます。

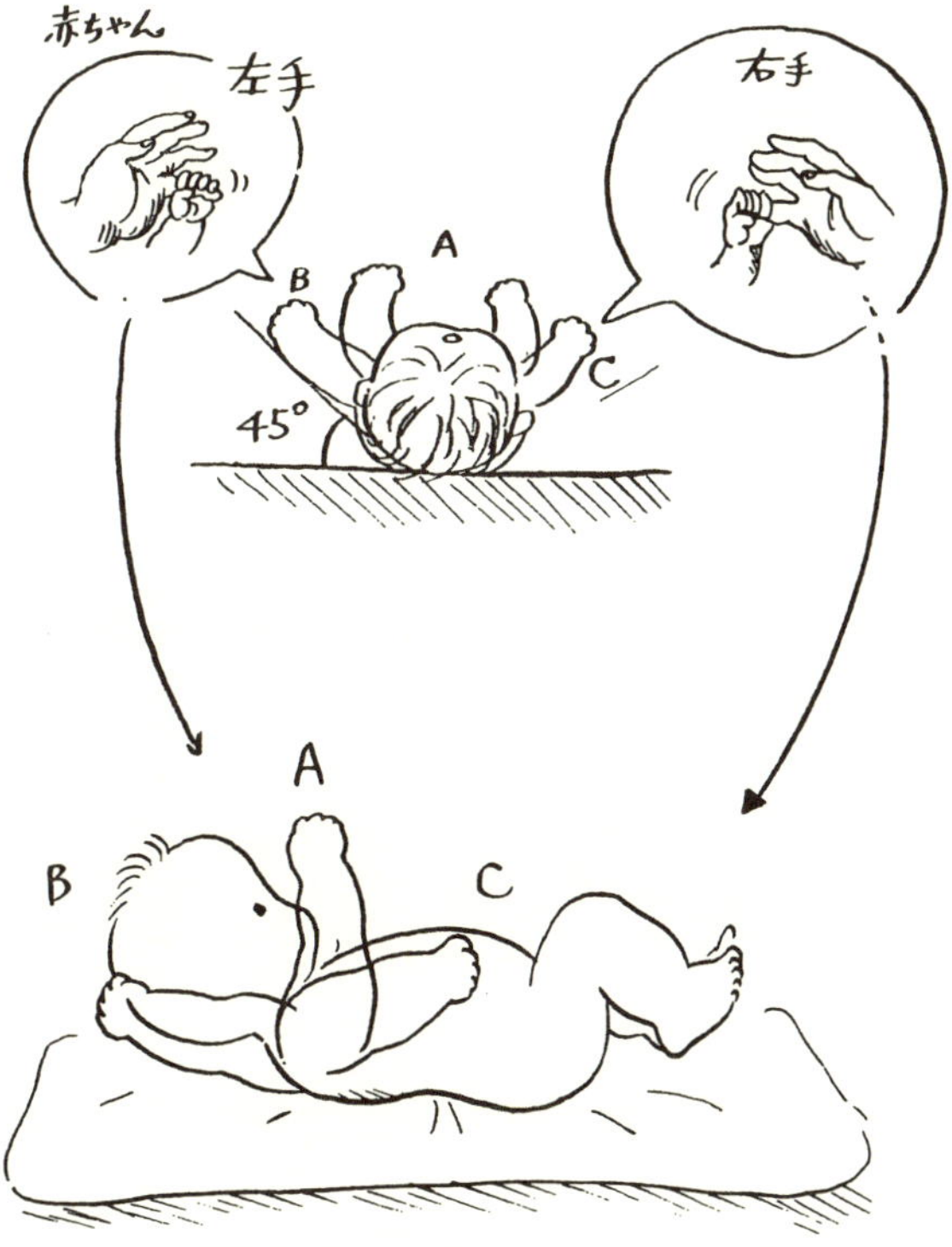

腕の位置はA→B→A→C→A
の順で、行ないます。

前のページを参考にして、号令をかけながら動かしてください。

それぞれA→B→A→C→Aと二回、くり返します。引き上げる強さは、お尻が浮かない角度まで、が目安です。

体操の終わりには、お母さんが深呼吸をして、吐く息に合わせてゆっくり肩口から指先までさすりおろします。

これは筋肉運動が主目的ではありません。正しくしっかり握ることを習得してもらうためです。

おもちゃ

手さぐりの刺激を与えましょう。
皮膚感覚やものの重さを覚えます。
五本の指で、握れるように助けてあげてください。

握れるものは何でも持たせる

手の中に握ったものを自分の意思で離せるようになると、本格的な手さぐり刺激の必要な時期になります。お母さんの小指や、これまで握っていたものはおもちゃとしてあきてきました。このころから、赤ちゃんが握れるものは何でも持たせてやってください。目を突きそうなもの、口の中に入れて飲みこんでしまいそうなものなどは、万一の危険を考慮に入れて持たせないのが普通ですが、お母さんが誘導していますので、持たせるようにします。たとえば細長いとがったエンピツでも、危ない方向に動かないよう、とがった端をお母さんが持ったり手をそえるなどすれば危険はないのです。重いものは、寝ころんだまま持たせないで、抱いたり、少し上体を起こして、持たせてください。いろいろなものを持たせて皮膚の感覚（触感）を発達させるのも大切な働きかけです。

この時期には、おもちゃに一本の指をかけただけで持っていることがあります。赤ちゃんがニギニギをしているときにおもちゃが指先にふれると、ふれた指を真っ先にから

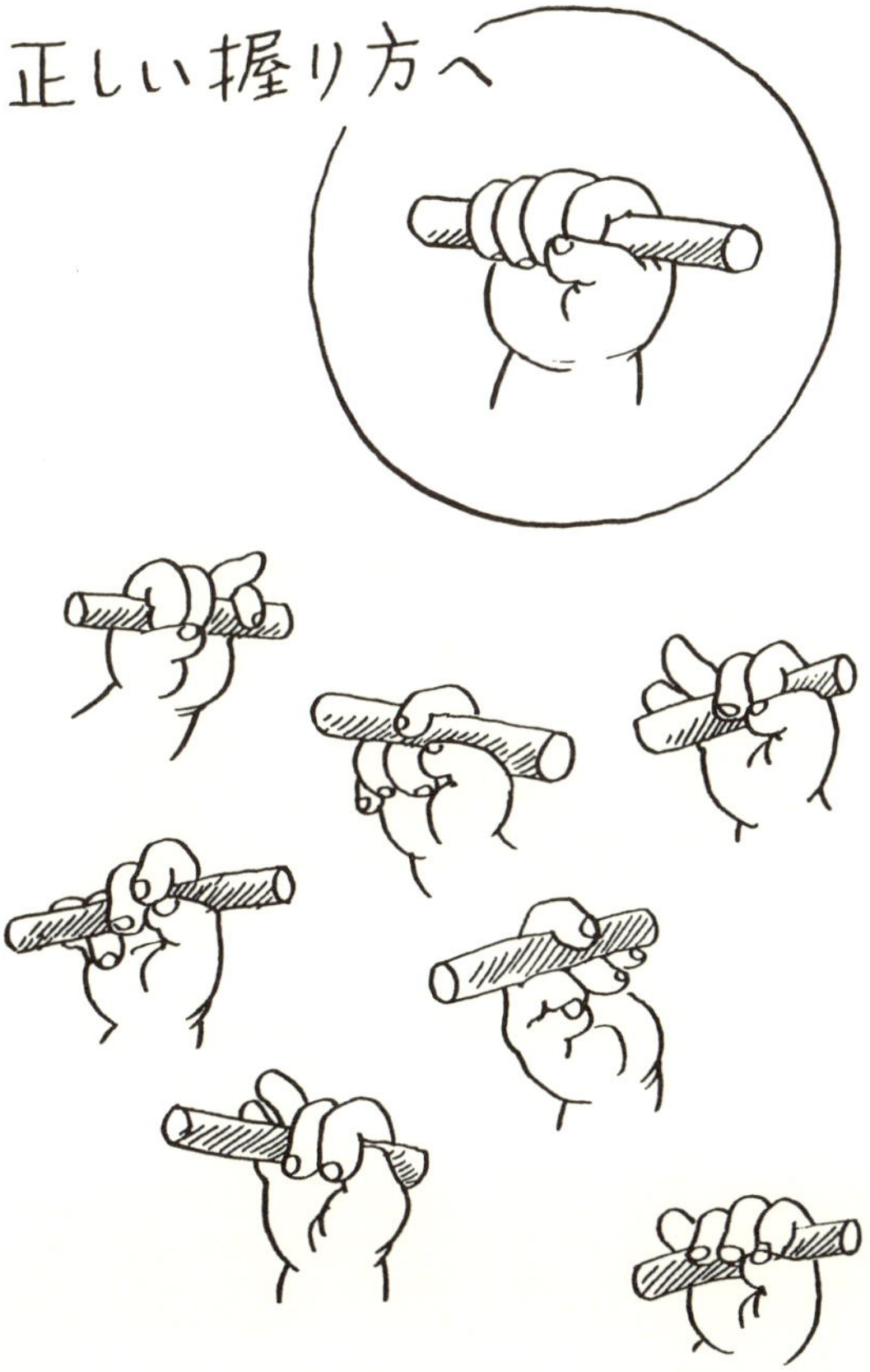
正しい握り方へ

めつかせて、その一本の指だけで握ったりします。自分で正しく全部の指で持とうとするかどうか、しばらく様子を見てください。もし一本の指だけのままなら、全部の指を使ってうまく握れるように直してあげてください。

右手も左手も使うように

この時期に注意することは、〝利き手〟のことです。利き手が右だと勝手に決めて、右手にばかりおもちゃを持たせようとするのはよくありません。どちらの手にも持たせてください。まだまだ右手も左手も同じように使わせます。器用な手の動きは、左右の手がそれぞれの仕事を分担して協力しあいながら動いて可能になるものです。右手だけ使っていては、器用に動くものではありません。

まだ赤ちゃんが自分からおもちゃをとろうとしない間は、まず右に持たせたら、次は左に持たせ、どちらの手も、同じ頻度で持たせます。左右の手に、同じ機会を与えます。

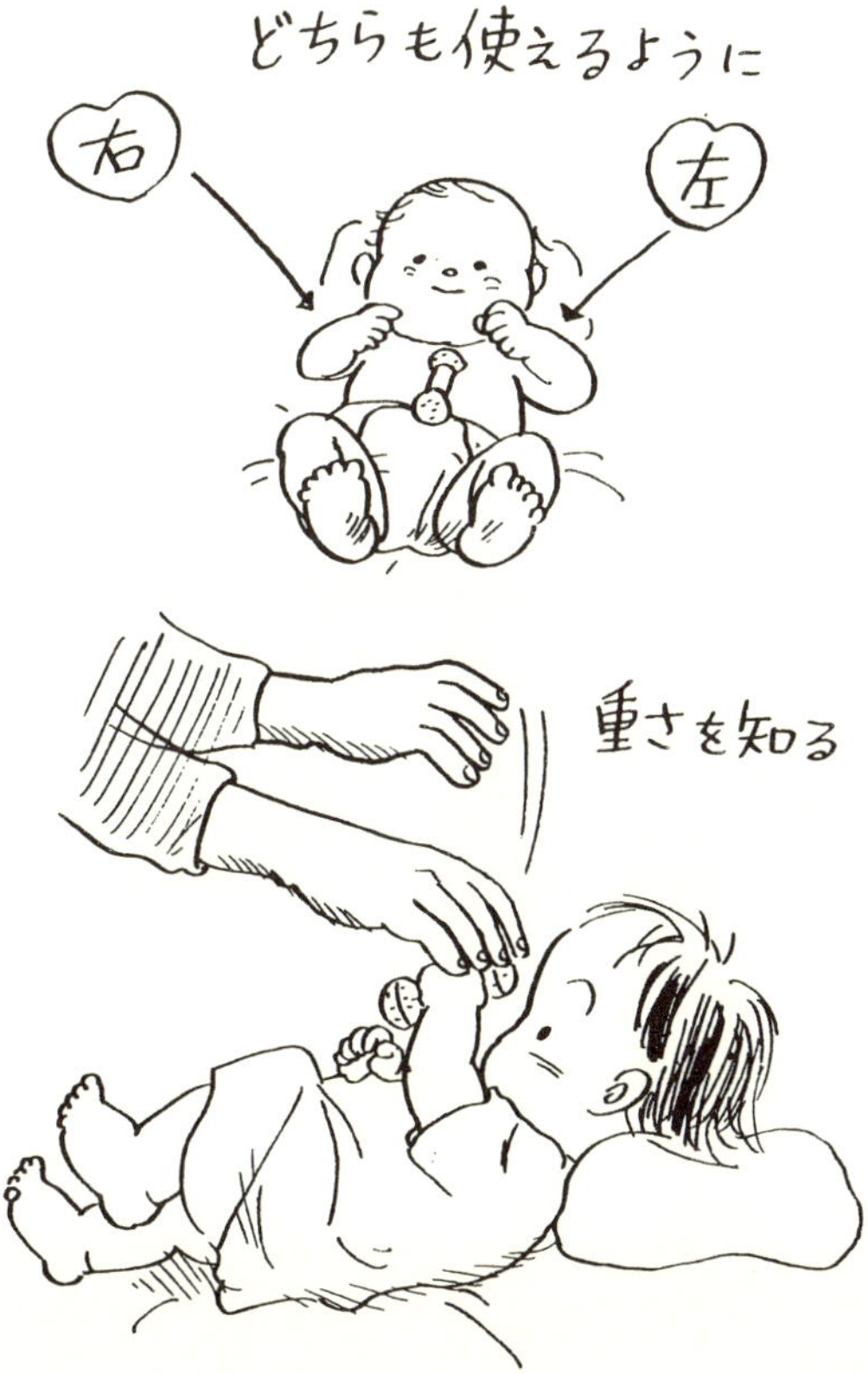
どちらも使えるように
右
左
重さを知る

重さを知る

赤ちゃんがおもちゃを持ったきり、手を動かさないことがあります。よく動かしたあと、疲れて動かさなくなるのはよいのですが、持ったきり動かさないときは、その重さや、持ち加減がよくわかっていないことがあります。

おもちゃを持った手を、上からお母さんの手でおおいかぶせるように持ち、赤ちゃんの手に少し力をかけて、手の中のものに意思を向けさせます。手をそえて持ち上げることで、重さを感じさせます。お母さんの手が離れて感じる抵抗で、重さを知るのです。

おもちゃを持ち上げるのに必要な筋肉の力は、動かさなければつきません。赤ちゃんの現状にピッタリ合った重さを知るのは難しく、やや重いめのものでも、お母さんに手をそえられて持ったときの力の入れ方を身につけたら、赤ちゃん自身、筋肉の緊張があったときの感覚を知ることになります。

把握反射

「グーとパー」から続いた
「にぎる―はなす」についてのまとめです。
よく理解して、赤ちゃんを手伝ってあげましょう。

自己コントロールできるまで刺激の回路を働かす

近年、私たちの生活では異常なほど手を使うことが少なくなってきました。単にハシがうまく使えないということだけでなく、いろんな生活面にひずみが出ています。子供にもこのひずみがみられ、事実、子供は〝被害者〟といえるほどです。幼児のときから心がけて手をうまく使うようにすれば、ひずみをつくらないですみ、効果的に脳をはぐくむことができます。

手を使うときには必ず脳が働いており、手を道具として、知的な活動が実現されます。手がうまく使えれば、頭のよい子に育てることができるのです。生まれたときの赤ちゃんの手の使い方からはじめて、だんだんと難しい手の使い方を紹介していきます。

さて、「グーとパー」「にぎる」「おもちゃ」と〝実践編〟を話してきましたが、ここで「把握反射と訓練」についてまとめておきましょう。〝理論編〟です。

三段階の手の訓練

手の訓練の第一は、把握反射を利用して、握るときに使う筋肉の力を強くすることです。そのためには、握っている手のひらに細い棒や、お母さんの小指をさしこんで動かしてやります。手のひらの皮膚や関節、筋肉の受容器が刺激されて反射が引き起こされ、より強く握ってくれます。

訓練の第二は、反射が弱まったとき、手の甲にふれて指伸ばしを助けてやることです。息を吐くときに合わせて、手の甲をヒジから指先に向かってなでてやります。こすられた皮膚の真下にある筋肉が伸び、把握反射が抑えられるのを助ける効果があります。このとき五本の指を一本ずつ押さえて、指先をつまんで伸ばしてやります。

一方、把握反射の弱い赤ちゃんには、指を一本ずつ曲げて、握る形にしてやります。このとき、手のひら側の皮膚を少し強くたたいたり、押したりつまんだりして、曲げる筋肉が働くのを助けてやります。つまり、把握反射を誘発するのです。反射の強い赤ちゃんよりも、伸ばしと握りをくり返し練習の回数を多くし、赤ちゃんが自分で曲げよう（握ろう）とするのを手助けしてあげて下さい。

把握反射の強さは日に日に弱まっていき、一ヵ月半くらいで消えるのが普通ですが、この間にいろいろなものを手に握らせます。これが第三の訓練です。

注意することは、握る形（手の姿勢）を正しくすることです。

最初は赤ちゃんが握りやすいもの、長い間握っていられるものを選んで与え、だんだん重いもの、太いもの、握りにくいものに変えていきます。こうして赤ちゃんは手に触れたものが、どんなものか、わかっていくのです。このとき、右手も左手もどちらも差別なく使わせます。

巧妙なメカニズム

刺激があると、決まったパターンの反応をするのが「反射」です。体の中にはいろいろな反射があります。たとえば、目に息をふきつけると、〝瞬目《しゅんもく》（まばたき）反射〟が

把握反射

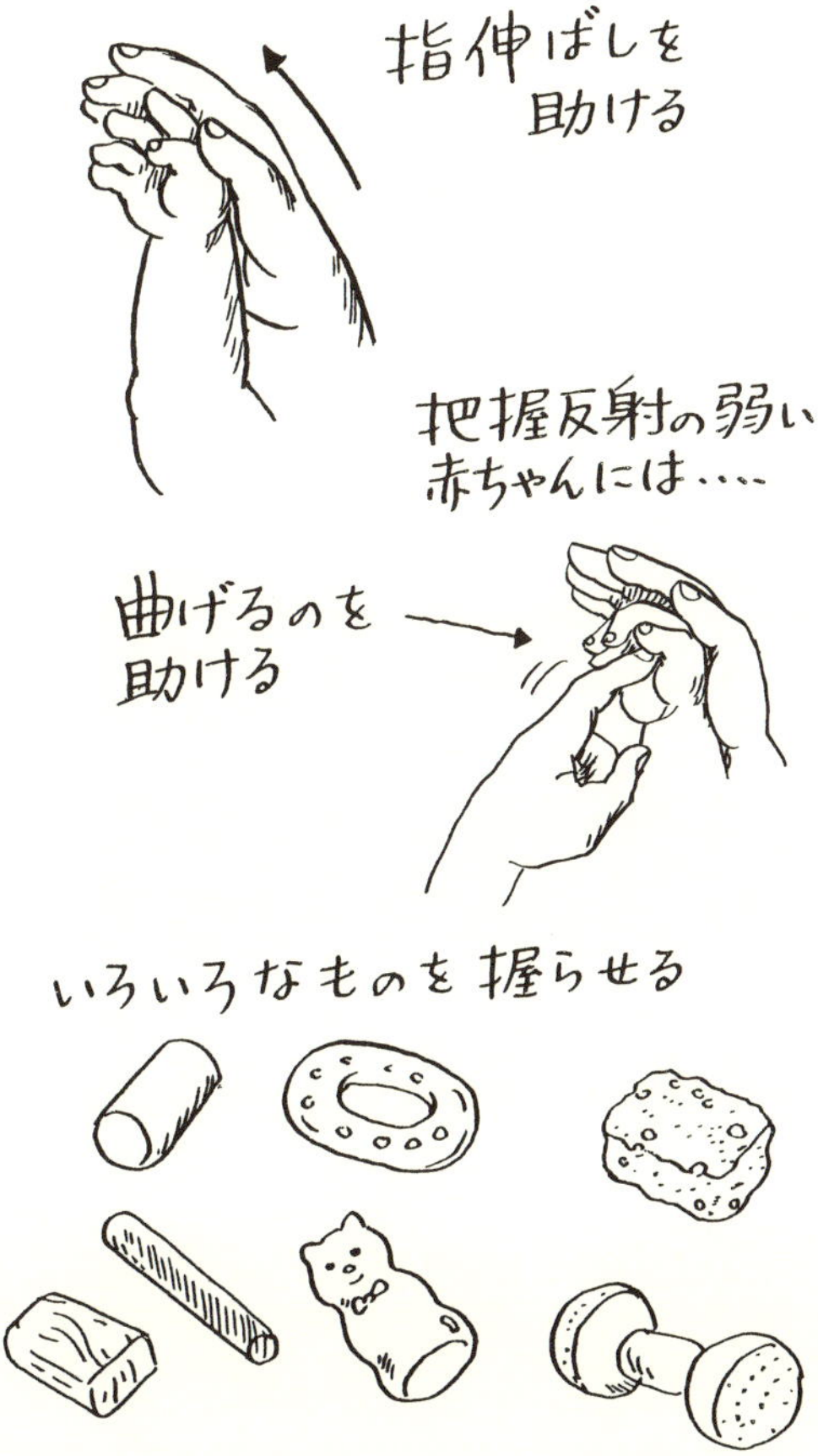
指伸ばしを
助ける
把握反射の弱い
赤ちゃんには....
曲げるのを
助ける
いろいろなものを 握らせる

起こり、目を閉じますが、この瞬目反射は異物が目の中に入るのを防ぐ意味があります。把握反射は木の枝を握ってぶらさがるのに都合のよい反射で、サル類に発達したものです。

把握反射の中枢は大脳皮質の中の「体性感覚野」と「運動野」というところにあります。大人ならものを握ろうとしたときに働く神経細胞が、勝手に働いて握ってしまうのが把握反射です。この中枢に対するコントロールが「運動連合野」という場所から出るようになると、把握反射は出なくなります。そして、刺激があったときだけ起こるようになり、やがて自分の意思で手を握れるようになると、刺激しても反射は起こらなくなります。しかし自分で手を握ろうとして握ったときは、把握反射の回路を働かせているのです。

赤ちゃんが手を握った状態で生まれてくるのは、それまで反射で動かしたのと同じ回路が働いているということです。やがて、大脳が発達して自分の意思で手を握ることを覚えるのですが、そのことを助けてくれる巧妙なメカニズムです。

サルは人間よりもこの反射が強力で、生まれたばかりの赤ちゃんザルは、お母さんの体毛を握ってぶらさがっています。そして母乳を飲むことができます。お母さんザルが特に注意を払わなくても、ぶらさがっているので、一緒に移動することができるのです。

このように把握反射は、赤ちゃんが生きていくために大切な反射だったのです。

つまむ

自分の意志で手が握れるようになったら、
「つまむ」練習をしましょう。
指先の動きや、ものを見る力に役立ちます。

指先に力を集中させる作業を

小さな指は、小さなゴミを大変うまくつまみます。お母さんはこのときの赤ちゃんの指先をよく見て、しっかり記憶しておいてください。力も弱く、指がまだうまく動かないときのつまむ動作は、実に美しく正しいフォームで行なっています。爪先に力を入れて、爪に近い点でつかもうとします。指紋側をべったり合わせてしまってはつまめないことが、いち早くわかるのか〝爪先つまみ〟にすぐ戻ります。

赤ちゃんに乳房をつままれると、思わず悲鳴をあげてしまうほどで、くっきりと爪あとが残ることさえあります。弱い力でも指先の一点に集中すると、痛いほどの強さになるのです。

力がうまく調節できるようになると、やがて爪先を浮かせてつまむようになります。赤ちゃんの間は、正しくつまむ動作が要求されるときですから、できるだけ指先の一点に力を集中させて作業をするようにします。普通の遊びの中では、〝爪先つまみ〟をし

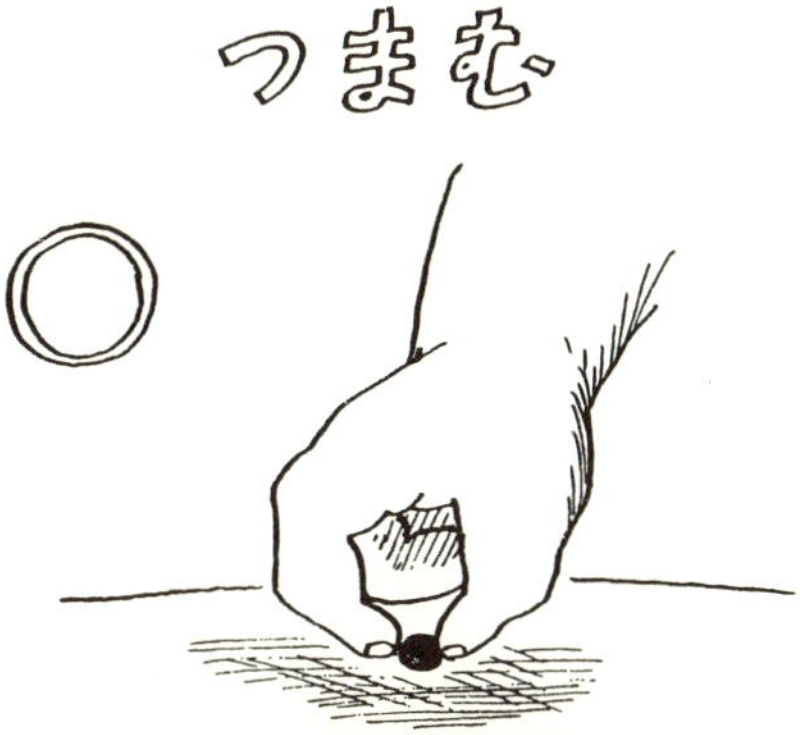

爪先、指先の一点に力を集中して。

指紋側を合わせてはダメ。

なければならないケースはほとんどないので、赤ちゃんはだんだん〝爪先つまみ〟をしなくなります。小さいものをつまみたがる間に、トレーニングしてください。

おぼん、皿、机などに小さなお菓子（乳ボーロなど）をまき、丹念に手でつまんで食べさせます。ある程度の大きさがあると、どうしても指先をそらせ、指紋のある面を全部つけてつまもうとします。赤ちゃんは関節がよく曲がりますから、第一関節の近くでつまもうとしたら、もっと小さなお菓子に変えます。〝爪先つまみ〟になるように注意してください。

赤ちゃんの好きな、軽い、口の中でとろけるような、食事にさしつかえないもので、しかも大きさのまちまちなお菓子が、指の訓練用としてちょうどよいのです。いろいろ工夫してみてはいかがでしょうか。

小さなものをよく見つけ、すぐ拾いたがる乳児期を過ぎると、小さなものをつまむのが下手になります。

ゴミつまみは単に指先の動かし方だけに大切なことではなく、小さなものを注視し、近くのものをしっかり見るという視覚の開発にも重要です。大いにさせてください。

小さなボタン、ホック、ビーズ、小さく切った色紙などを床にまき、拾わせて、透明

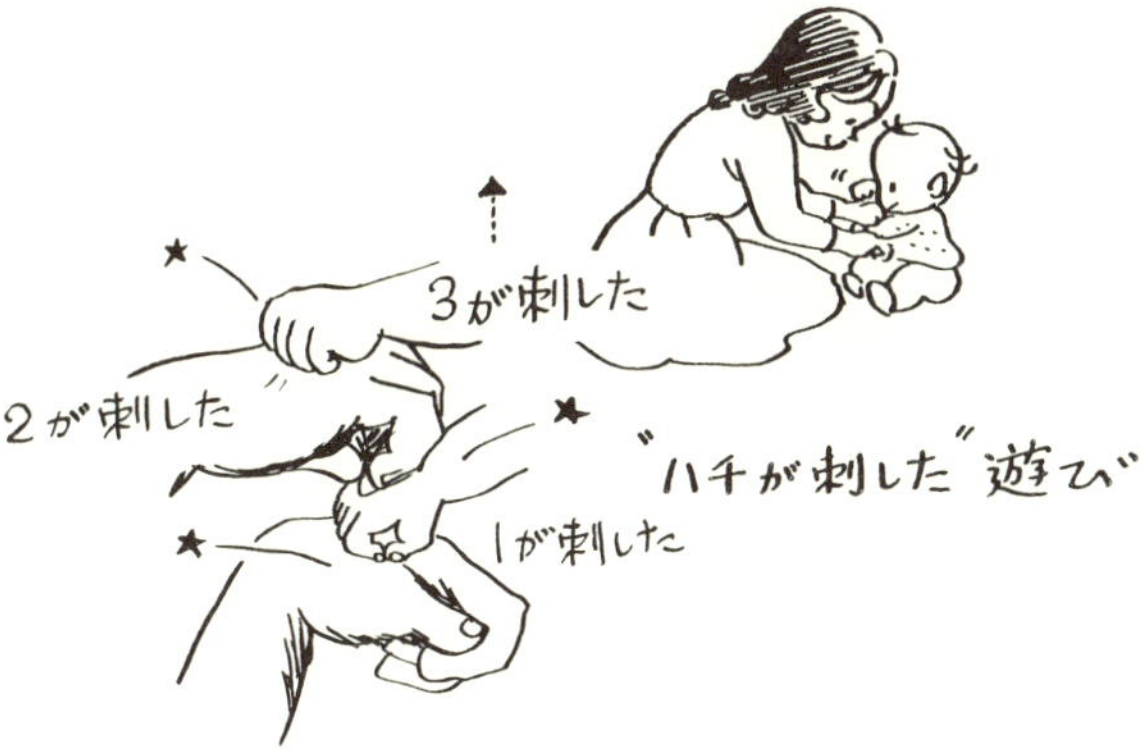

小さなお菓子をつまませます。

なビンの中に入れさせます。全部入ったら、お母さんがそれを振って音を出し、再び外にまいてやります。口の中に入れると危険なものは、あらかじめ数を覚えておき、終わったあとで確認するようにします。どうしても、何度も口に入れるようなら、その遊びは中止します。親の監視の元で遊ばせます。

いろいろなつまみ遊び

いろいろなつまみ遊びを工夫してあげてください。そして、正しいつまみ方をしているとか、ときどき復習しましょう。

薄いシールなどをはがすときの爪先の使い方、ピッタリくっついたブロックのはずし方などに、正しいつまみ方が身についている幼児はとても器用な手の動きをします。

〝ハチが刺した〟も、すすめたい遊びの一つです。お母さんはこのとき手の甲をピンと張って、できるだけつまみにくくして遊ばせます。手の甲の張り方は手首の曲げ方で調節します。

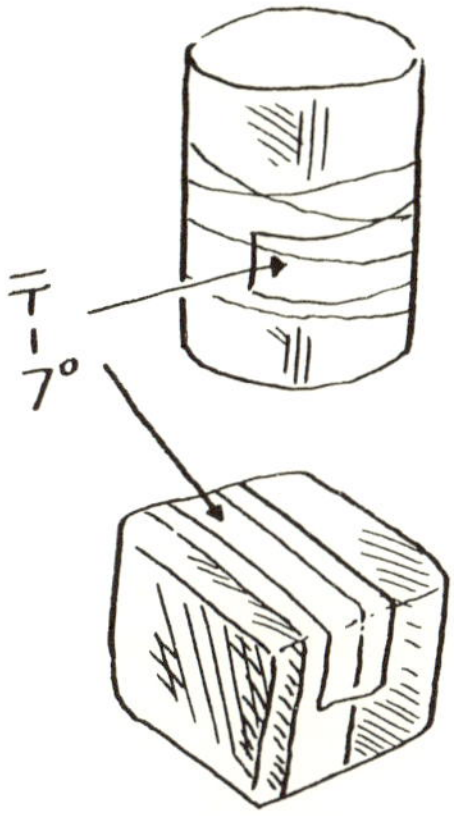
テープ

一本一本の指

五本の指が別々に動くと、
いろいろな遊びが楽しめます。
うまくいかないときはママが手伝ってあげてください。

自分の意思で一本一本の指を別々に動かすことができると、いろんな指遊びができるようになります。

遊びのスキンシップと曲げたり振ったり

授乳時に

授乳時に赤ちゃんの手をまさぐるように、指の動きというものを考えながら、さわってあげてください。

握った手を伸ばします。伸ばした指（親指以外の四本）を一度に持って、お母さんの指が赤ちゃんの手のひらにあたるまで曲げます。親指も同様にします。また、赤ちゃんの指先の間に、お母さんの指先を入れます。指先が少し広がる程度でよく、赤ちゃんの指のつけ根まで入れてはいけません。そして左右に軽く振ります。

最後に赤ちゃんのこぶしを握り、「一、二、三」と強く力を入れて終わります。

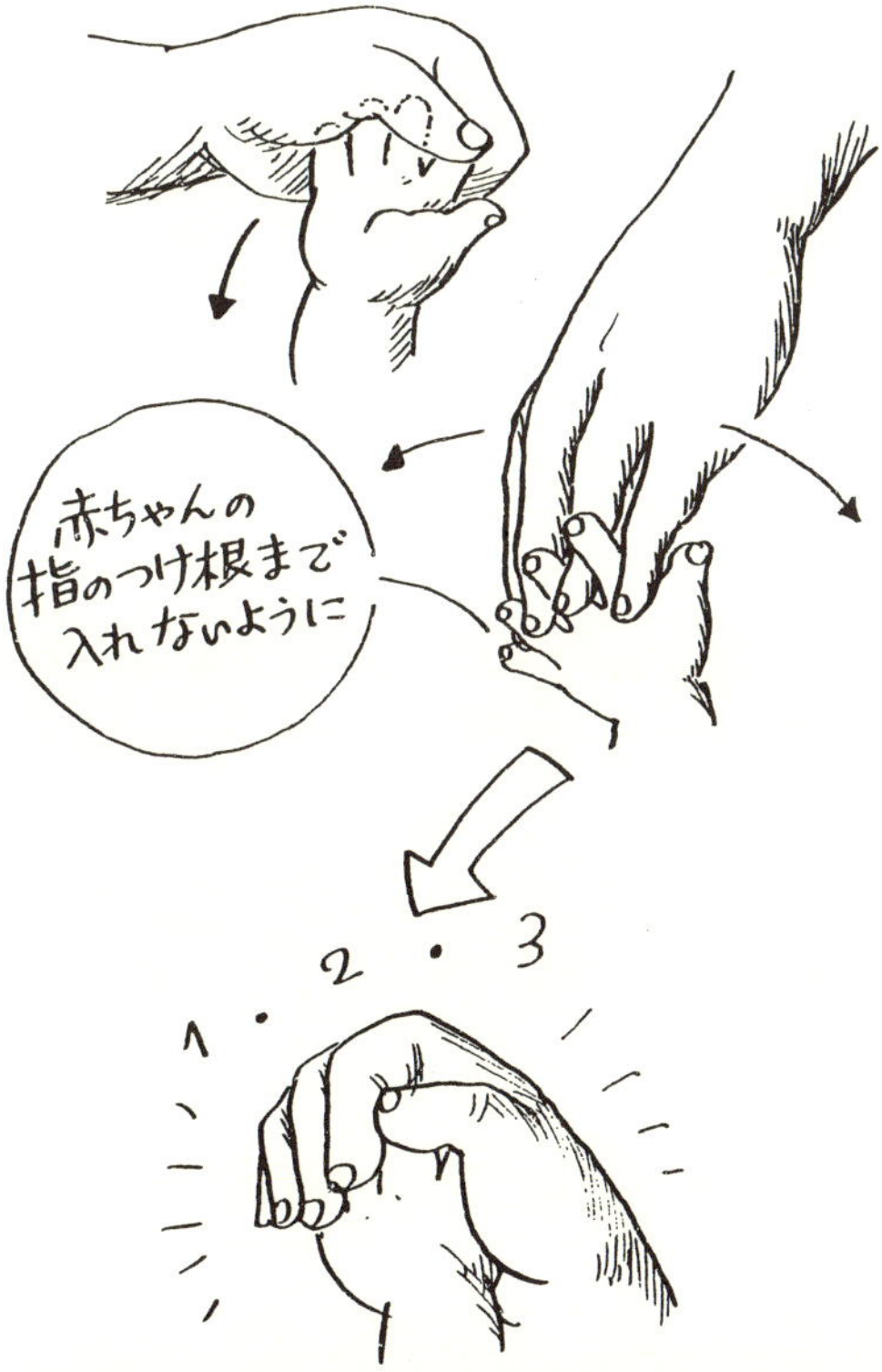
赤ちゃんの
指のつけ根まで
入れないように
1・2・3

指の動きを考えながらさわって
あげましょう。

指の散歩

赤ちゃんがするのは難しいので、当分はお母さんだけにしかできませんが、人さし指と中指の二本の指先を赤ちゃんの皮膚にあて、歩くように赤ちゃんの肩口から手、指先へと移動させます。よく見せておいてください。

「急ぎます」「ハイ、終点です」「ちょっと、ここでお休みします」「ここから、どちらへ行こうかな」「人さし指へ行きます」などと語りかけたり、歌のリズムに合わせたりして、強く、弱く、速く、遅く、とび、すべりながら、何度か繰り返します。背中や腹、足などにも同じようにしてあげてください。

この運動はスキンシップも兼ねています。赤ちゃんがこの感触を楽しいものとして受け入れ、自分でもできるようになれば、見たとおりの指の動きで、お母さんにもしてくれるようになります。リズムや指の動かし方など、親によく似てきます。

語りかけもママの工夫で創作してください。

すべる
遅く
速く
とぶ

つな引き

ビニール袋を一〜一・五センチ幅（赤ちゃんの指のちょうど関節と関節の幅）に輪切りにしたものを用意します。細いヒモや、硬いテープでは、指を曲げると関節にくい込んだり、指を傷つけたりします。軟らかくて弾力のあるもの、シルクの古布でもよいでしょう。

この輪の一方を赤ちゃんの指にひっかけて、お母さんがチョンチョンと振り、指が伸びるように動かします。赤ちゃんは抵抗して、その指を曲げようとします。他の指も一緒に曲がりますが、やがて曲がり方が違ってきます。一本の指だけ曲げるのをうながす遊びです。この遊びは、一本の指だけ伸ばすことができる、一本の指だけ曲げるという高度な指の動きへの働きかけです。

お母さんは人さし指で力を調節しますが、慣れれば赤ちゃんと同じ指で引っぱりっこしてください。案外お母さんもうまくできません。そんなときは左右の指にかけて練習してください。

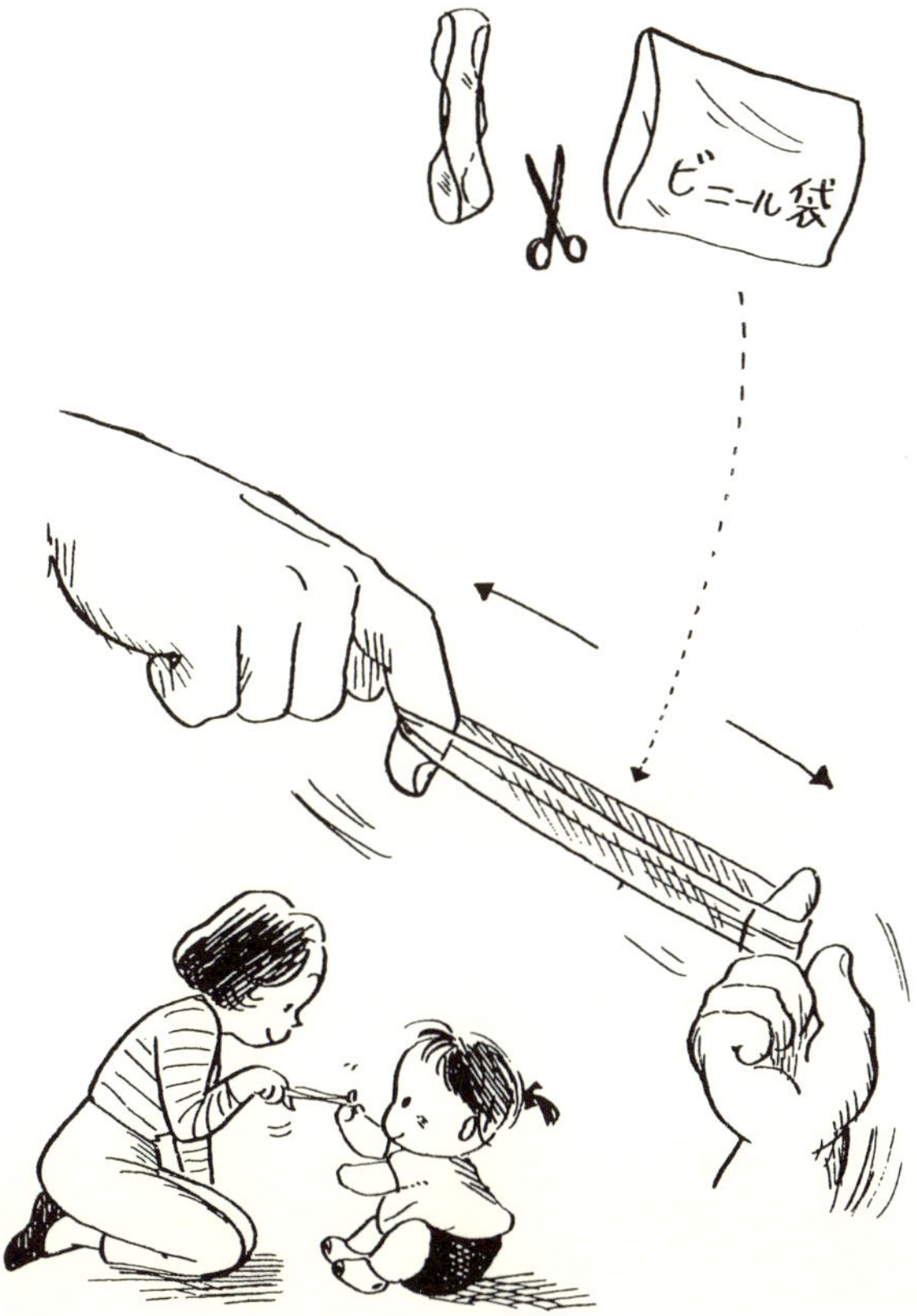
ビニール袋

やさしく手助け。話しながらリズムを

自分の指が五本ある、五本の指が動くことを、赤ちゃんはやがてわかりだします。しかし、一本の指の動きにつられて、他の指も動きます。赤ちゃんの場合、まだ神経のつながりが細分化していないので、運動指令が大まかに出ているのです。また筋力もついていません。だから手や指を動かすのにも、手助けは必要です。

準備体操

お母さんの親指と人さし指で、赤ちゃんの指先を一本ずつ伸ばし、軽い調子でつまむようにします。五本の指を一巡したあと手を握らせ、こんどはつまむ指だけを伸ばしてもう一巡します。一本の指を伸ばすと握りが弱くなりますので、赤ちゃんの握りこぶしがゆるまないよう、お母さんは片手で他の指をおさえておきます。

指のごあいさつ

お母さんと赤ちゃんは向かいあいます。赤ちゃんの握ったこぶしを前に出させます。「親指さん」と呼びます。「ハーイ」でお母さんは親指を上にそらせて出します。赤ちゃんの親指も同じようにしますが、お母さんが手を添えなくてはならない場合、すばやく手を添えて出し、ときには他の指が広がらないようにこぶしを押さえます。

「こんにちは」といって、お母さんは親指をピョコンと動かします。お母さんが「こんにちは」といって、まねさせます。ひとりで親指を動かせなければ、お母さんが手を添えて動かします。いろんな会話をして、そのリズムに合わせて指先を動かします。

「○○ちゃんはどうしていますか」と聞き、「ハイありがとう。とても元気ですヨ」とか「お腹がいっぱいです」「ねむいですヨ」と赤ちゃんらしく声を少し変えて語りながら、赤ちゃんの指を動かします。

「さようなら」で、握りこぶしの形に戻ります。左右のどの指もします。

指のごあいさつ

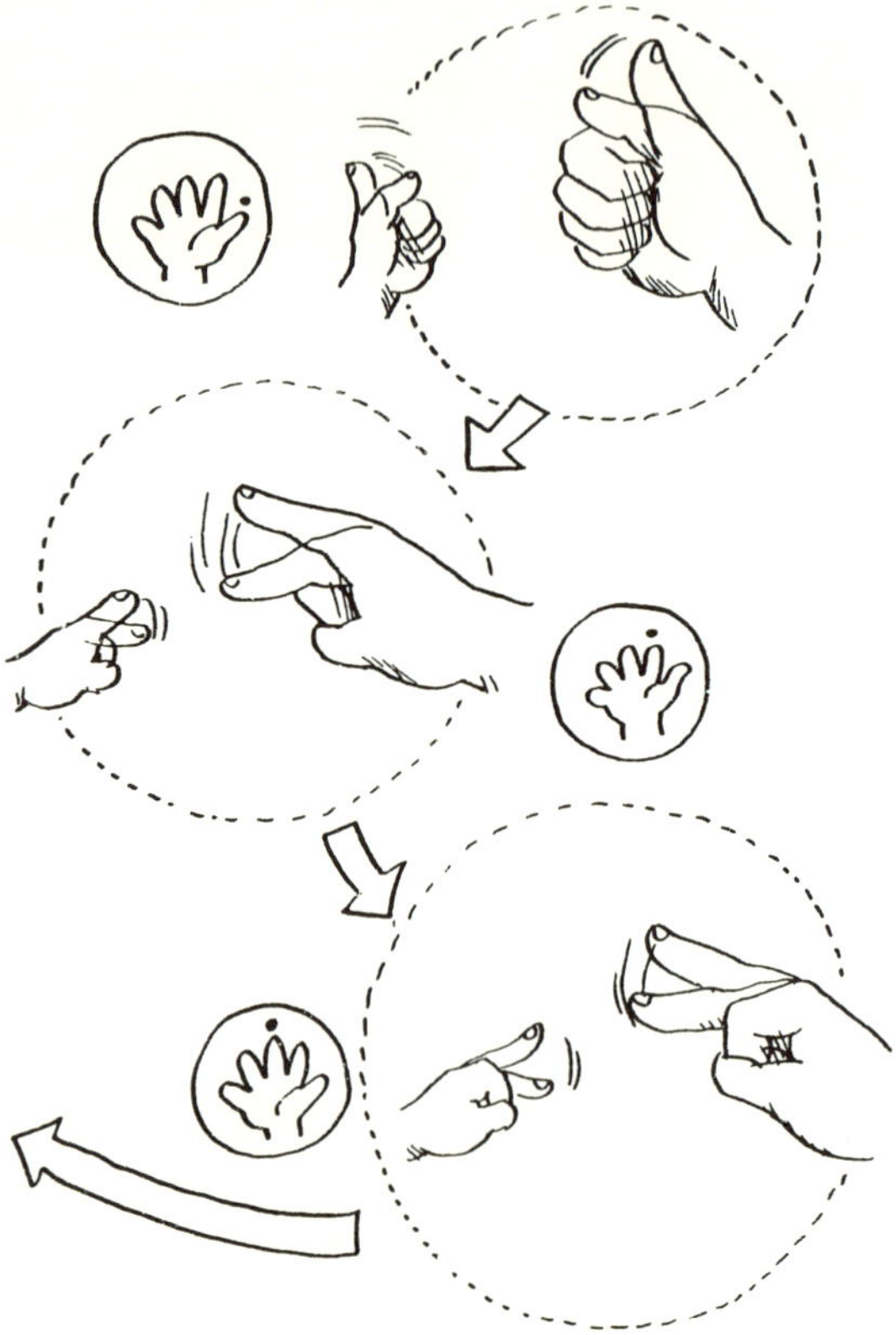

会話のリズムと一緒に指をピョコンと動かします。

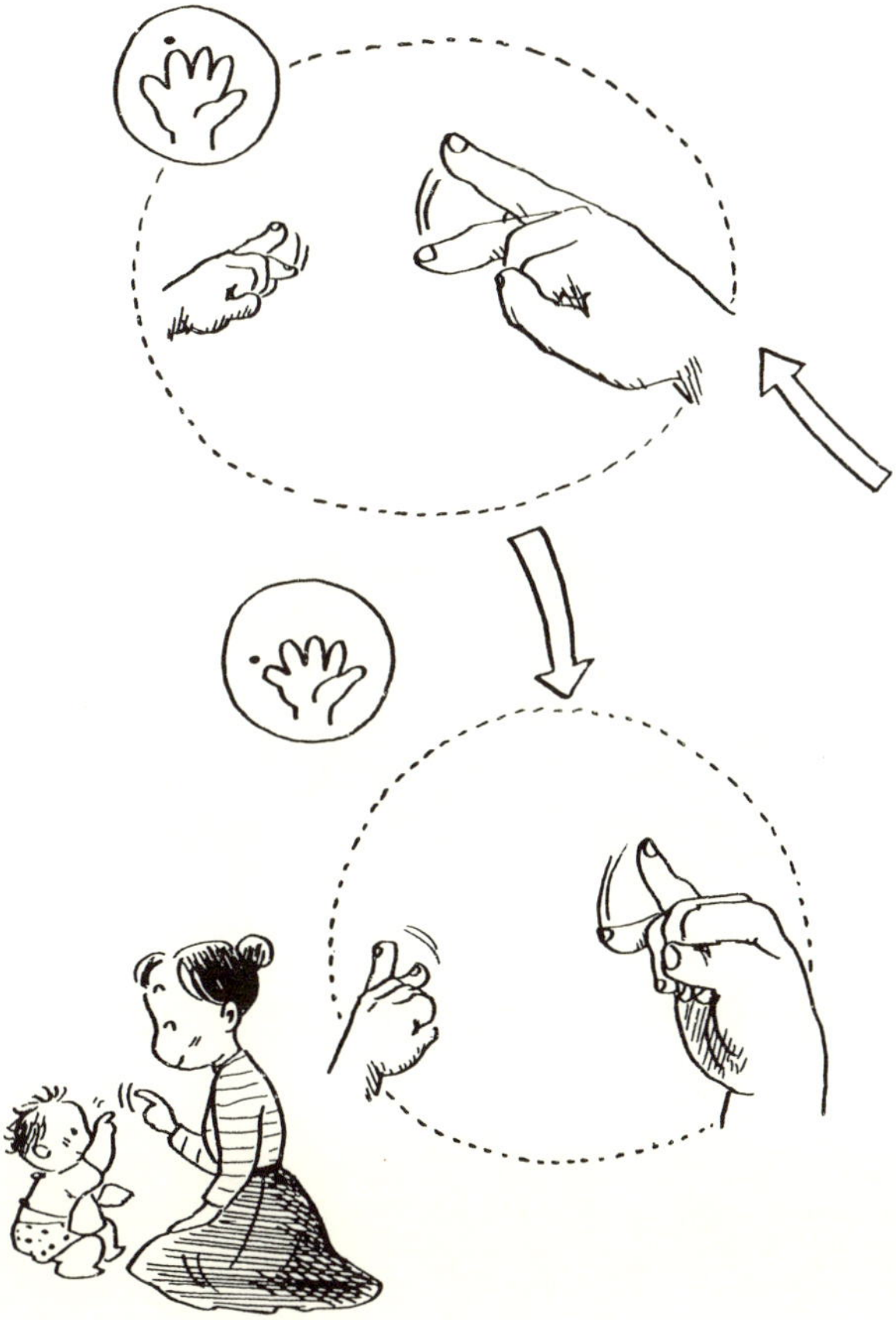

指のピアノ

赤ちゃんが手を宙に浮かせて、手のひらを広げているとき、その指をピアノの鍵盤に見たてます。赤ちゃんの指に合わせ、親指には親指、人さし指には人さし指と五本の指をあてて、押します。歌ったり号令をかけたりしながら、赤ちゃんの手首をふらつかない程度の強さで押します。指先を押すときは、全部の指を指先だけ押します。指のつけ根を押すなら、つけ根ばかりを押します。

手の甲を上に向けているときは、まず、一番よく曲がっていると思われる関節を選んで、全部の指のその関節を押します。床や机など堅い面に手がのっかっていたら、その面につくまで押します。関節の節目を押して、指を伸ばすのです。

手のひら側から押すときは、指の関節と関節の間を押します。押して、元の位置に指が戻ることが大切で、戻らないほど押すのは強すぎます。つねに赤ちゃんが、指の抵抗にさからえるような力をかけて押してあげてください。

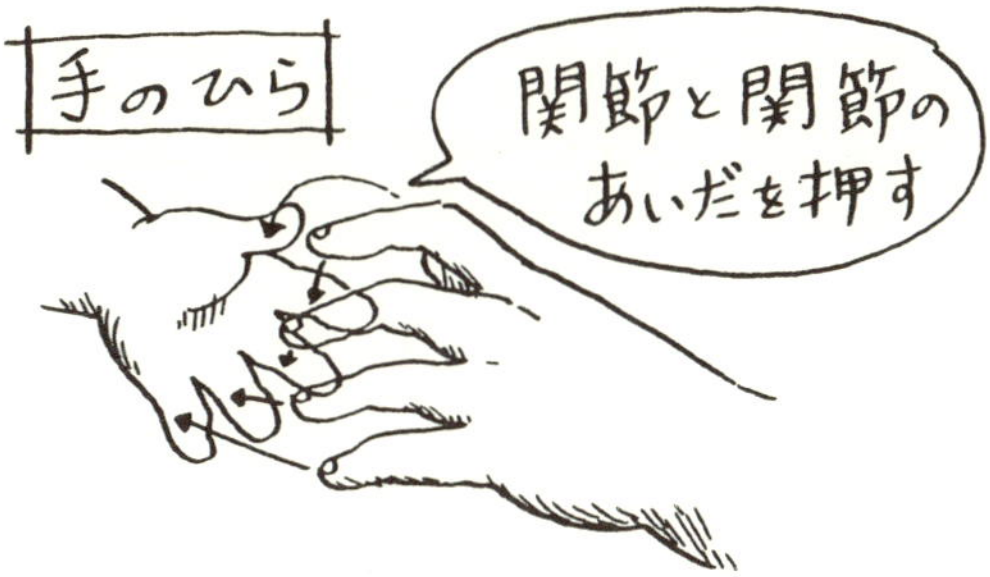
手のひら
関節と関節の
あいだを押す

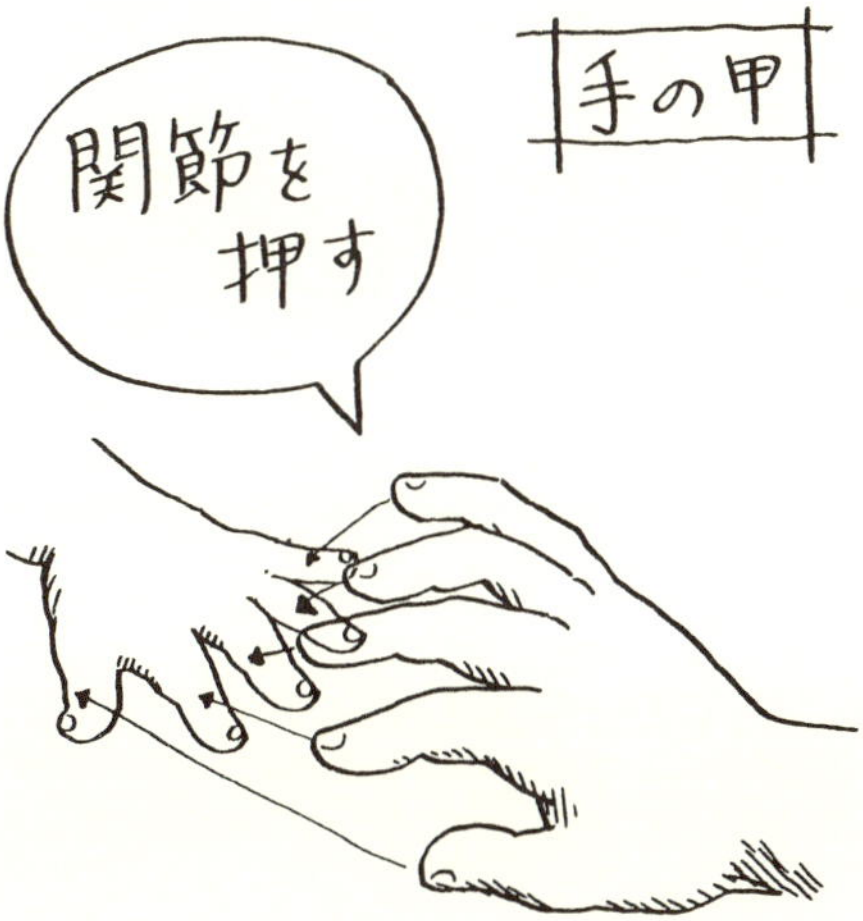
手の甲
関節を
押す

指の訓練

指が一本ずつ動かせればものをつまみやすくなります。
赤ちゃんにはまず二本指で、
爪先つまみをさせましょう。

指を一本ずつ独立して曲げる

自分の意思で手が握れるようになったら、次は物をつまむことができるようにします。うまくつまめるようになるには、一本一本の指が独立して曲げられなければなりません。指の訓練について、まとめてみましょう。

まず、一本の指だけ伸ばして、他の指はぜんぶ曲げた握りの姿勢に慣らせます。しばらく、その状態が続けられればよいのです。

伸びている指がさらに伸びるように刺激を与えます。伸ばされた筋肉は、縮む傾向があります。手の指を曲げる筋肉の伸張（ストレッチ）によって、伸張反射が起こるからです。縮む傾向は、引っぱられた筋肉だけに見られます。

伸張反射は、筋肉の中にある受容器（筋紡錘《きんぼうすい》）が引っぱられると、その筋肉が収縮するものです。体の中にある反射のうち、いちばん単純で基礎的なもので四足動物のほとんどの筋肉にあります。

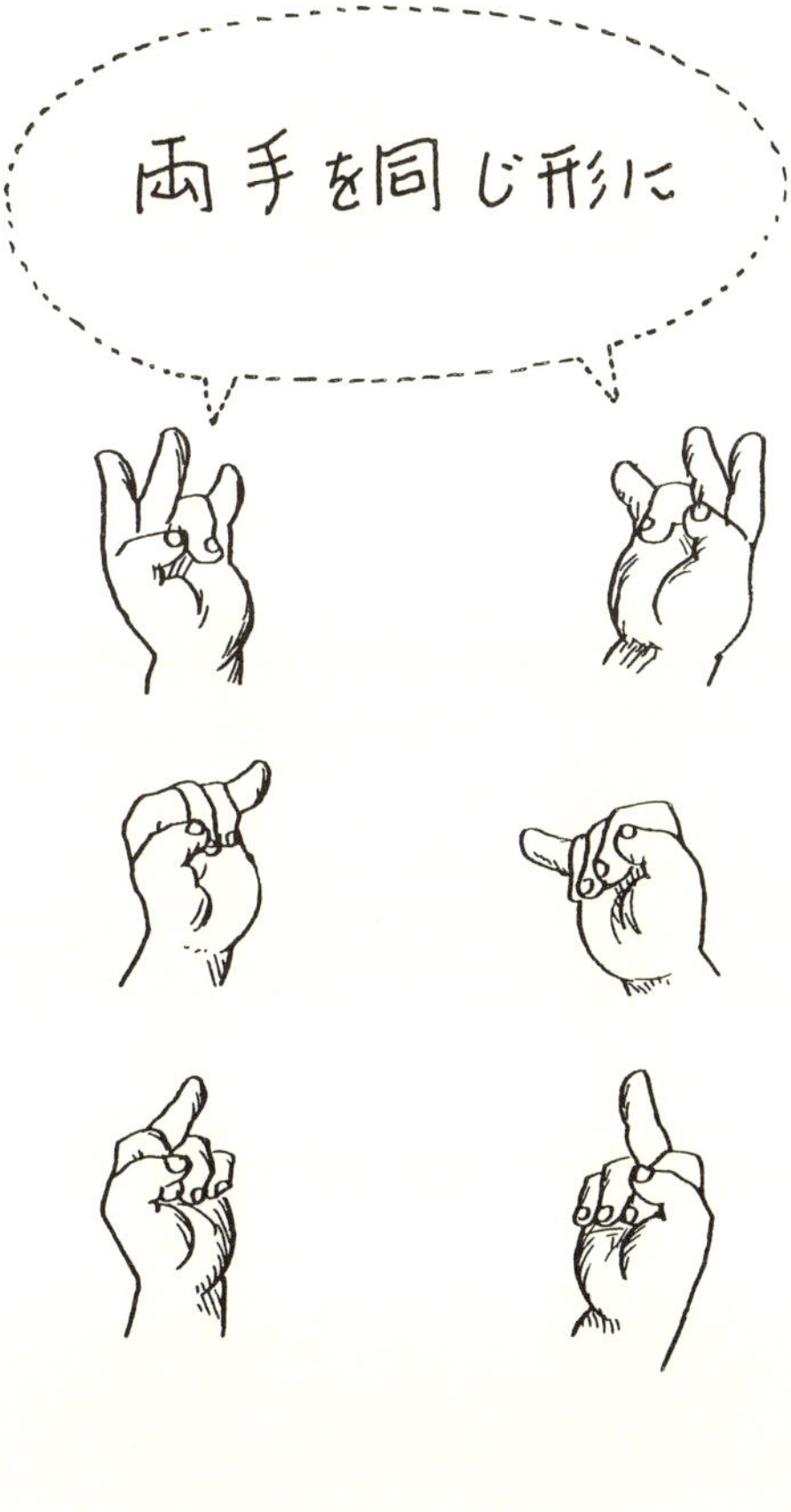

左右の指を同じように曲げます。

筋紡錘は、筋肉の引っぱられ具合を感じる感覚器です。筋紡錘からの情報が脊髄の神経細胞（運動細胞）へ送られ、さらにそこからの情報が筋肉へ送られて、筋肉が収縮するのです。

「一本一本の指」で紹介した〝つな引き〟〝指のごあいさつ〟などの遊びは、すべて伸張反射を誘発することが基本になっています。一本ずつの指運動が自分の意思で自由にできるよう、この伸張反射を利用します。

筋肉が伸張したときに、その筋肉を曲げる指令が大脳の運動野というところから出されるわけです。したがって指を伸ばすのは、赤ちゃんが自分の手をよく見ているときにするのが原則です。

声をかけて、力を入れやすくします。筋紡錘からの情報は脳に伝えられ、指を動かすのを助けますが、意識に残る感覚にはならないのです。繰り返し指を動かして、覚えるほかありません。

左右の十本の指のどれもが独立して曲げられ、しかも左右で曲げる力の差のないように、両手を均等に動かす必要があります。赤ちゃんの生活では、薬指や小指を独立して動かす場合は絶対といってよいほどなく、特別に訓練しないかぎり、薬指などをうまく動かせるようになりません。

一本一本の指を独立して曲げられるようになると、〝つまみ運動〟（ピンチング）がやりやすくなります。普通は親指と人さし指の二本か、それに中指を加えた三本でつまみます。二本つまみ（はさみ持ち）はニホンザルやチンパンジーでもできますが、三本つまみは人間しかできません。

二本指つまみ

赤ちゃんがまず覚えなくてはならないのは、二本つまみです。小さい物を親指と人さし指ではさんで持ち上げることを繰り返します。このとき、なるべく爪先に近いところで物をはさむほうが、強い力が入ります。手が器用に使えるには、〝爪先つまみ〟で十分な力を出せるように訓練する必要があります。髪の毛、糸くず、豆ひろい……赤ちゃんが興味を持ったものなら何でもいいのです。

うまくつまめるには、関節がよく動いてくれないといけません。関節を曲げたままの状態にしつづけられることも大切です。

赤ちゃんの関節はどれも広い範囲にわたってよく動きます。

大人ではとても曲げられないほどの角度——たとえば、手のひらなど八〇度以下に内側に曲げられ、一八〇度以上に外側にそらせることができます。この状態を保つようにするには、その動きに合った訓練をつづけるとよいのです。器用な手の動きのできる人は関節が実によく動きます。

指を十分に使わないと、関節が硬直して曲がらなくなるだけでなく、筋肉の力も調節力もつきません。伸張反射も効果的に動かなくなるのです。

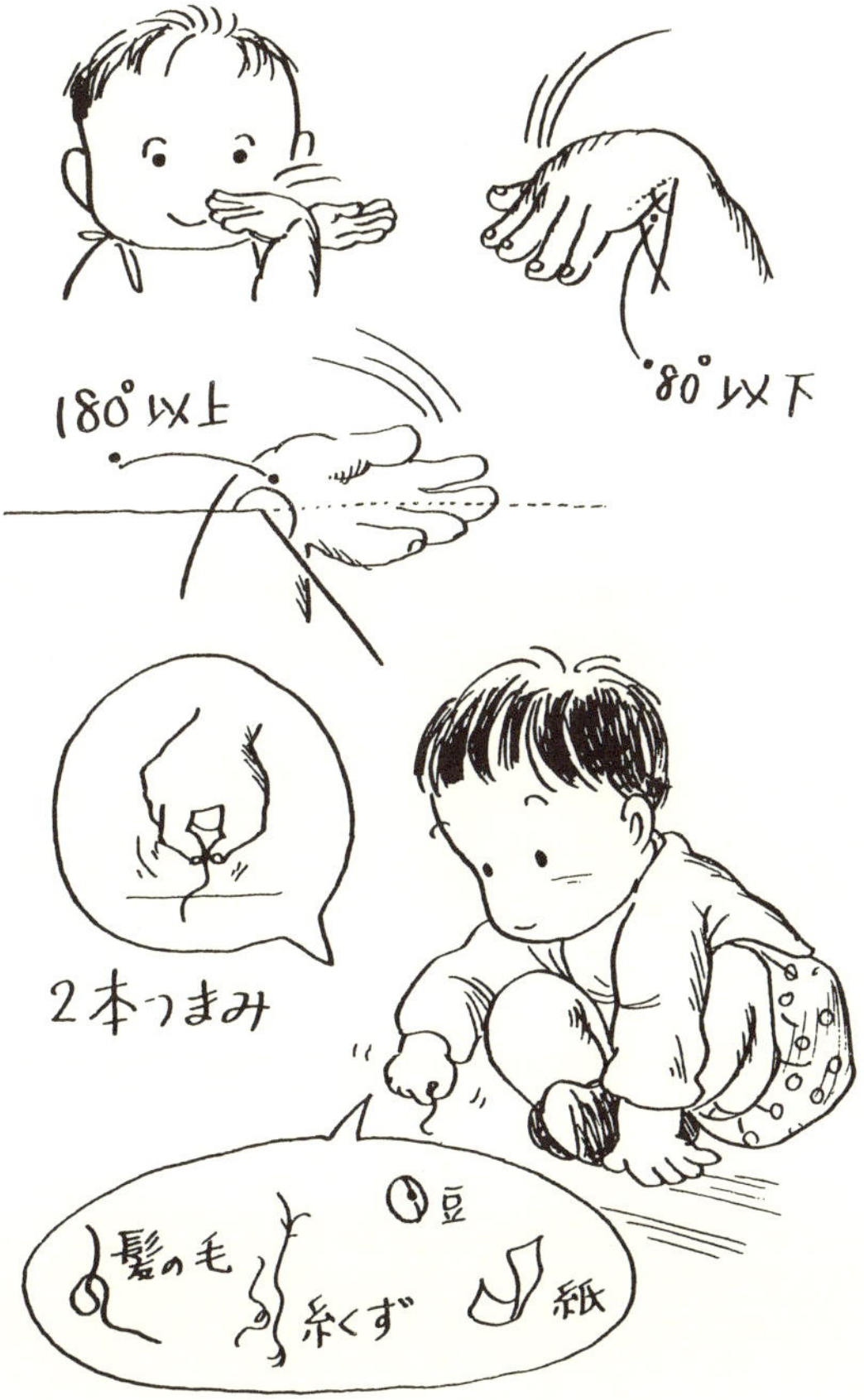
180° 以上
80° 以下
2本つまみ
豆
髪の毛
糸くず
紙

手を前に

赤ちゃんが、自在に腕を動かして止め、
ものを握って引き寄せることができるようになります。
おもちゃで誘ってあげましょう。

絵を置いて「引き寄せ」を覚えさせる

自分の手を体の前に出して、空を切るように動かす赤ちゃん。その手の動きに突然、気づいたように驚いて体をそらし、身を縮めます。手を前に出すのは赤ちゃんの意思ではなく、偶然なのです。しかし、こうして手を前に出すようになると、やがて自分の意思で手を出せるようになります。

その手助けとして、まず赤ちゃんの視野に、赤ちゃんの興味をひく絵などを入れるようにします。コントラストの強い絵が目立ちます。早くからよく見てよろこぶのは人間の顔です。目、鼻、口を丸い輪郭の中に描くだけで十分です。

赤ちゃんの視野に絵を置くとき、あお向けに寝かせたまま目の上にぶら下げるよりも、少し上体を起こして、視線が下向きになるような位置に絵を置くほうが、手が肩より下になって動かしやすいのです。

手を動かしてもらうのが目的ですから体の姿勢も気をつけてください。肩より上に手

❖ 手を前に

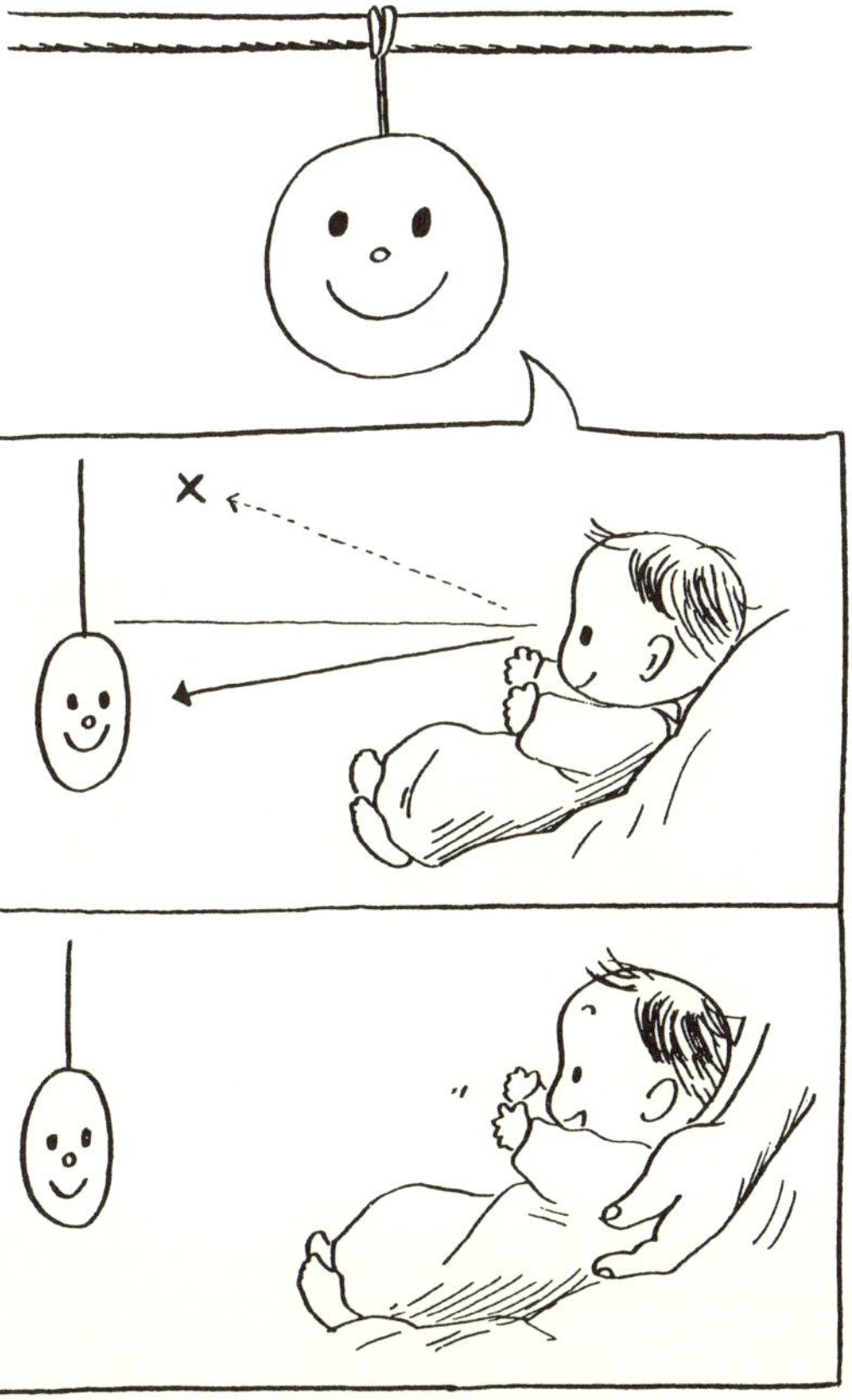

を上げるのは、もっと筋肉が発達してからでよいのです。

物を取りたがっても、手が思うように動きません。というより、赤ちゃんは自分が思う位置に、ふるえ動く手を静止できないのです。

そんなとき、肩口にお母さんの手を背中側から差し込んで、バタバタと動いている手を固定してやります。肩を押さえますが、赤ちゃんの手首を持って動きを止めたりしてはいけません。

手を宙に浮かせて、動きが少なくなったら、絵を徐々に下げて、顔の絵の口のあたりに手先が触れ、指でひっかけるくらいまで近づけてやってください。口や目のほうへ手を持っていけるようになると、好きな物に手が伸ばせるのももうすぐです。赤ちゃんの目の前に握りやすい物、おもちゃをぶら下げてやり、それに触れさせます。指がかかれば、赤ちゃんはそれを引き寄せるために、指を思い切り伸ばして、力を入れて握ろうとします。

おもちゃを持つ

このころから並行して、おもちゃを持たせることができます。握る力は把握反射期よりも、この時期のほうが弱く、自分の体重を支えるほどの力強さはもうありません。しかし自分の意思で握り、自分の意思で手の力を抜くことができるので、手を動かす筋肉を鍛えるための手の遊びをさせることができるのです。

お母さんが、赤ちゃんの指や手の動きをよく観察して、正しい動き、美しいフォームに修正してやることが、将来の手の器用さに大きく関係してきます。

❖ 手を前に

宙に浮いた手を停止させるのですから、おもちゃはなるべく動きの幅が小さいように工夫してください。はじめはお母さんが持って赤ちゃんの指先に近づけ、次に、赤ちゃんが握れる位置に前もっておもちゃを持っていて、自分から握ろうとするよう促します。

固定したおもちゃをしっかり握れるようになると、お母さんの人さし指に二、三本の輪ゴムを巻きつけたものをスプリングの代用にして、吊りヒモの元にくくり、赤ちゃん

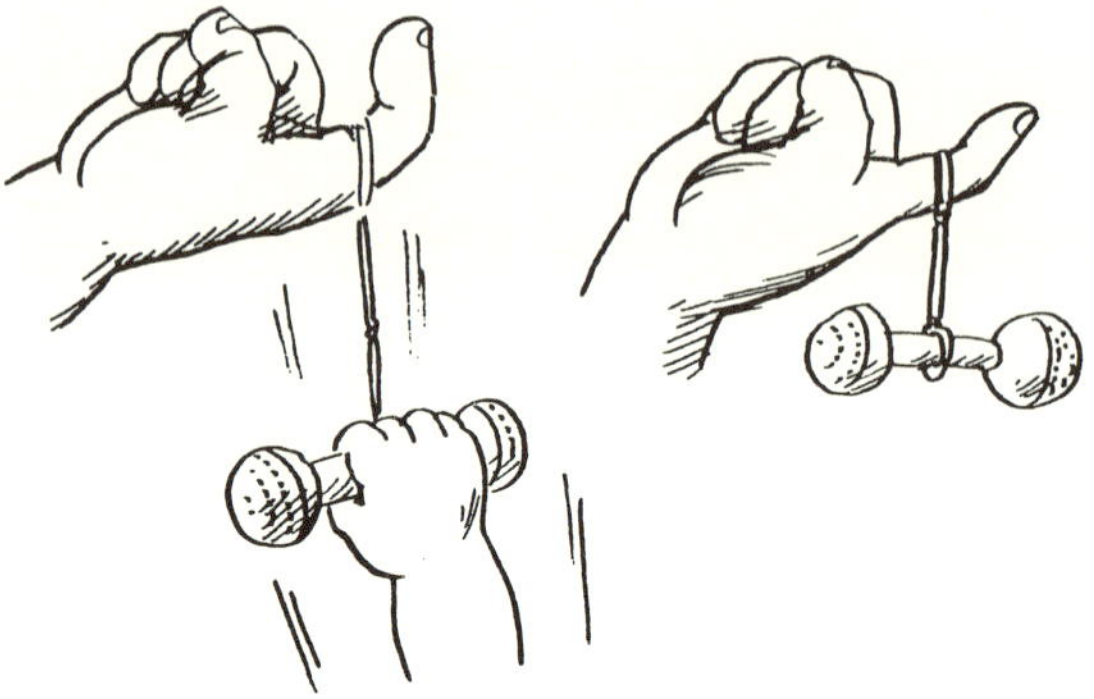

が強く引っぱると、少し引き寄せられることを知ってもらいます。
こうして力を入れておもちゃを引き寄せることを覚え、引き寄せるための筋肉の動きを覚えたら、丈夫なヒモにつけ直します（上図参照）。
赤ちゃんはそのおもちゃを胸元に近づけようと繰り返しながら、筋力がつき、肩が持ち上がるようになります。しっかり握るためには、指だけでなく腕、肩の筋肉も緊張させることを覚えていくのです。

ハイハイの手

ハイハイの準備です。
必要があれば「まんまる運動」などで、
背筋・腹筋や腕に力がつくようにしてあげましょう。

まず腕立て伏せ

なれない赤ちゃんをうつ伏せにすると、赤ちゃんの手は体の下敷きになって、出すことができません。お母さんが手助けをして出してやります。そのときは握りこぶしを胸元より上、肩に触れるか触れないかの位置に置いてやるだけでよいのです。

赤ちゃんが胸をそらせ、頭を持ち上げると、ほとんどの場合、手は宙に浮いたり、体に沿って斜め下に伸ばしています（図①）。その手をいつまでもそのままにしていると、背中をそる力は強くなりますが、前かがみの力がつかないため、背骨をそった位置に固定していても、いつまでもぐらつきます。これでは首が座ったとはいえません。

上体のそりと合わせて、上体の重さを支える腕の力を養います。赤ちゃんが上体をそらせているとき、伸びた手を曲げてやるのです。手首や腕を持って曲げると、強い抵抗がありますが、ヒジの内側をちょっと押すと、軽く腕が曲がります（図②）。

このとき、背中のそりが少し弱まるのが普通ですが、外からはっきり観察できない場

❖ ハイハイの手

図①

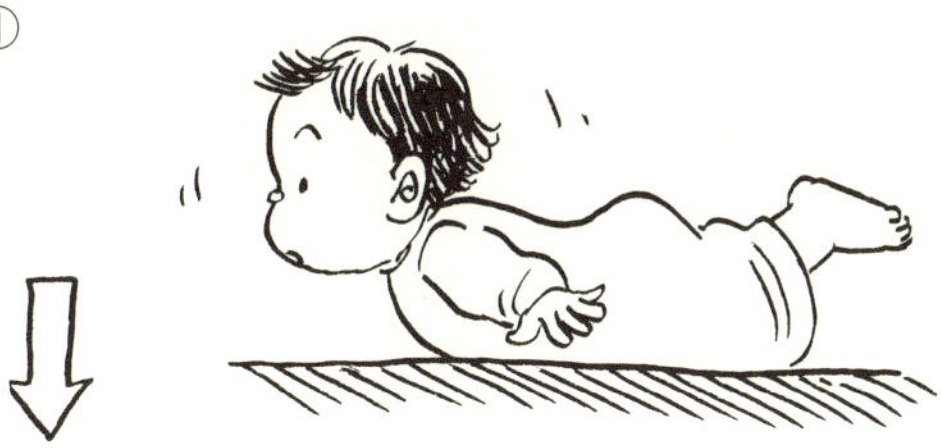

図②

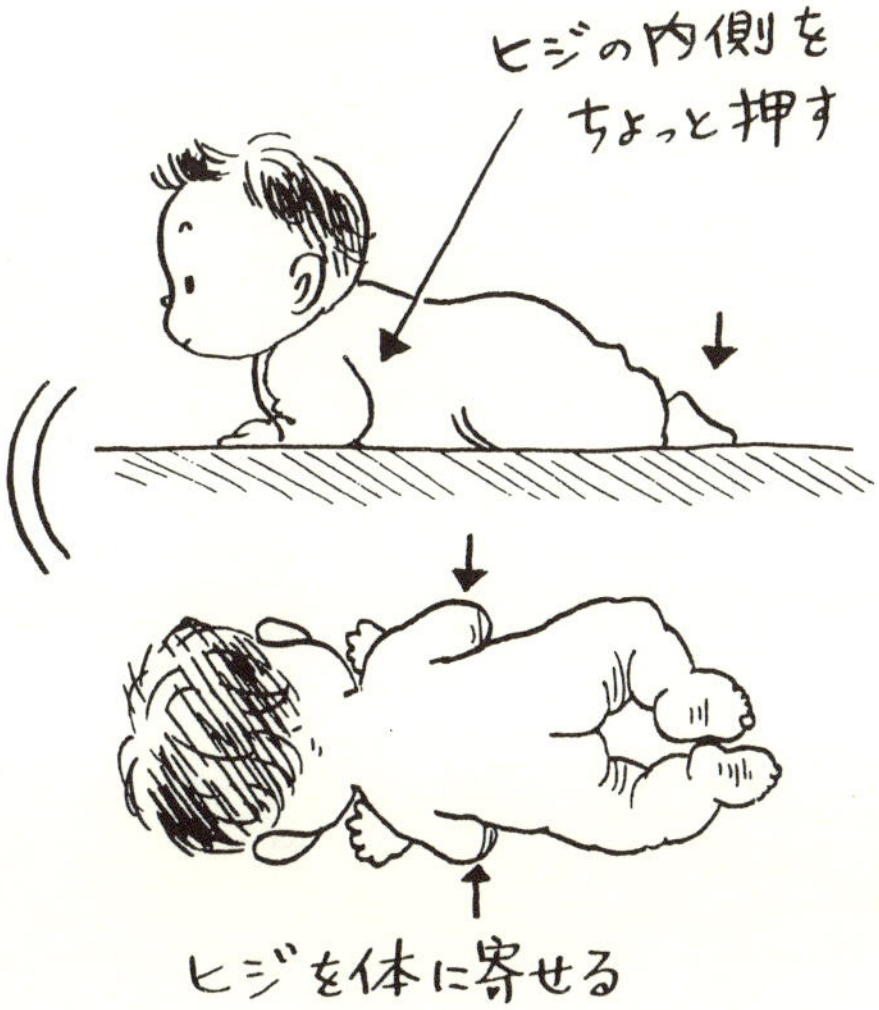
ヒジの内側を
ちょっと押す
ヒジを体に寄せる

合もあります。上体が少し下がりますので、すかさずヒジを体に寄せ、手首、下腕を胸元に寄せて、体の下敷きにします。

背をそらせても腕を伸ばさず、ヒジを曲げ、胸の近くに来るようになったら、腕立て伏せのように手で上体を支えられるようにするための働きかけが必要です。

下腕を床にピッタリつくように曲げます。その腕に体重をかけるためには、伸びた背すじをやさしくさすり、足の甲を床に押しつけるか、太モモをピッタリ床につけヒザを曲げてやります。すると背中のそりが弱くなります。そのとき肩を少し押してやれば、上腕を通して体重が手のほうにかかり、上体の重さを分散させることができます。

〝まんまる運動〟

どうしても背中のそりが強い場合は、体の〝まんまる運動〟をさせます。あお向けに寝かせて、足でオツムテンテンをさせたり、自分の足首を自分の手で持たせます。赤ちゃんの体は二つ折れの姿勢になりますが、意外にいやがりません。丸くなった背中をボ

ハイハイ準備のまんまる運動

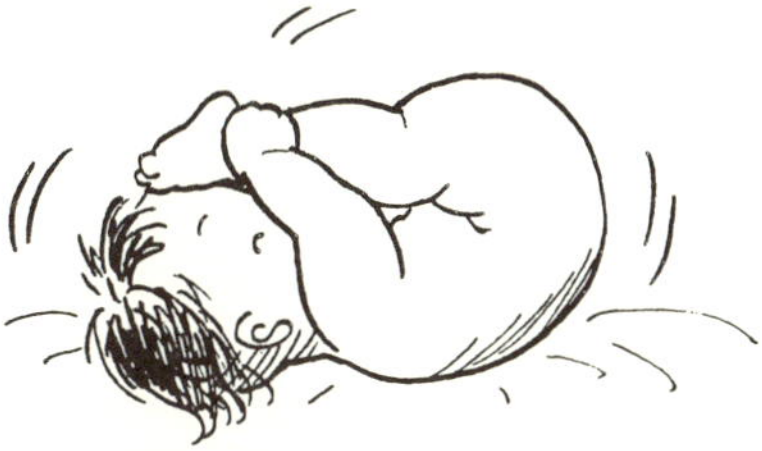

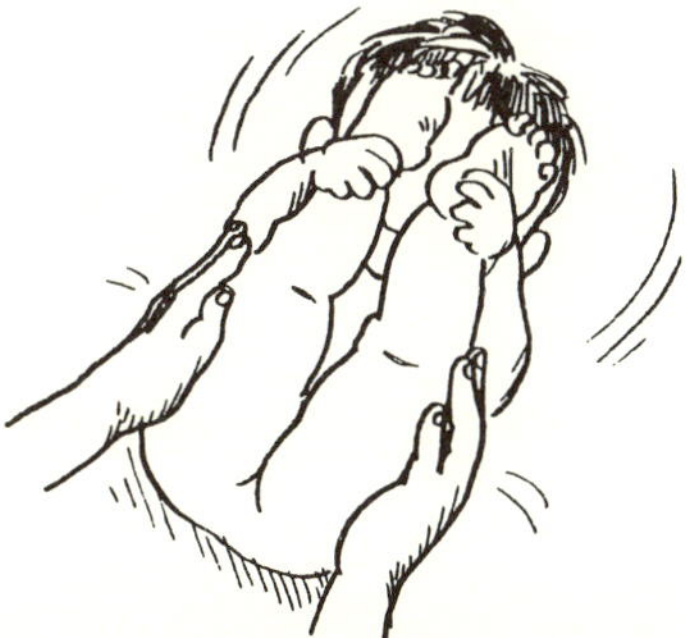

丸くなった背中をボートのように左右にゆする。

ートのように左右にゆさぶります。赤ちゃんの手が離れないように、何度かお母さんは手をそえてやります。

うつ伏せ、上体のそりを一分間させたら、あお向けで〝まんまる運動〟を一分間と、同じ時間ずつさせ、何度かくりかえします。背筋も腹筋も強くなります。同時に腕の力も強くしたいのです。

腕立てがしっかりできると、ハイハイの手に移ります。まず手は「パー」の形に指を広げ、ななめ前に手の位置があるようにします。ヒジはあまり外側に張り出しません。お母さんが手助けするとき、よくヒジを張りすぎるので注意してください。

その状態で両手を伸ばして上体を支えられるようになると、ハイハイの手つきです。指を広げ、手のひらをしっかり床につけ、ヒジが少し曲がっても上体を支えられるようになれば、手の筋肉はずいぶん発達しています。ヒジを伸ばした姿勢、ヒジをついた姿勢のままで上体を支えている間は、ハイハイはまだできません。

握りこぶし、または指を少し曲げたような形で腕立てをしているときよく見てください。ヒジは伸びきっています。つっかえ棒のような手の姿勢です。

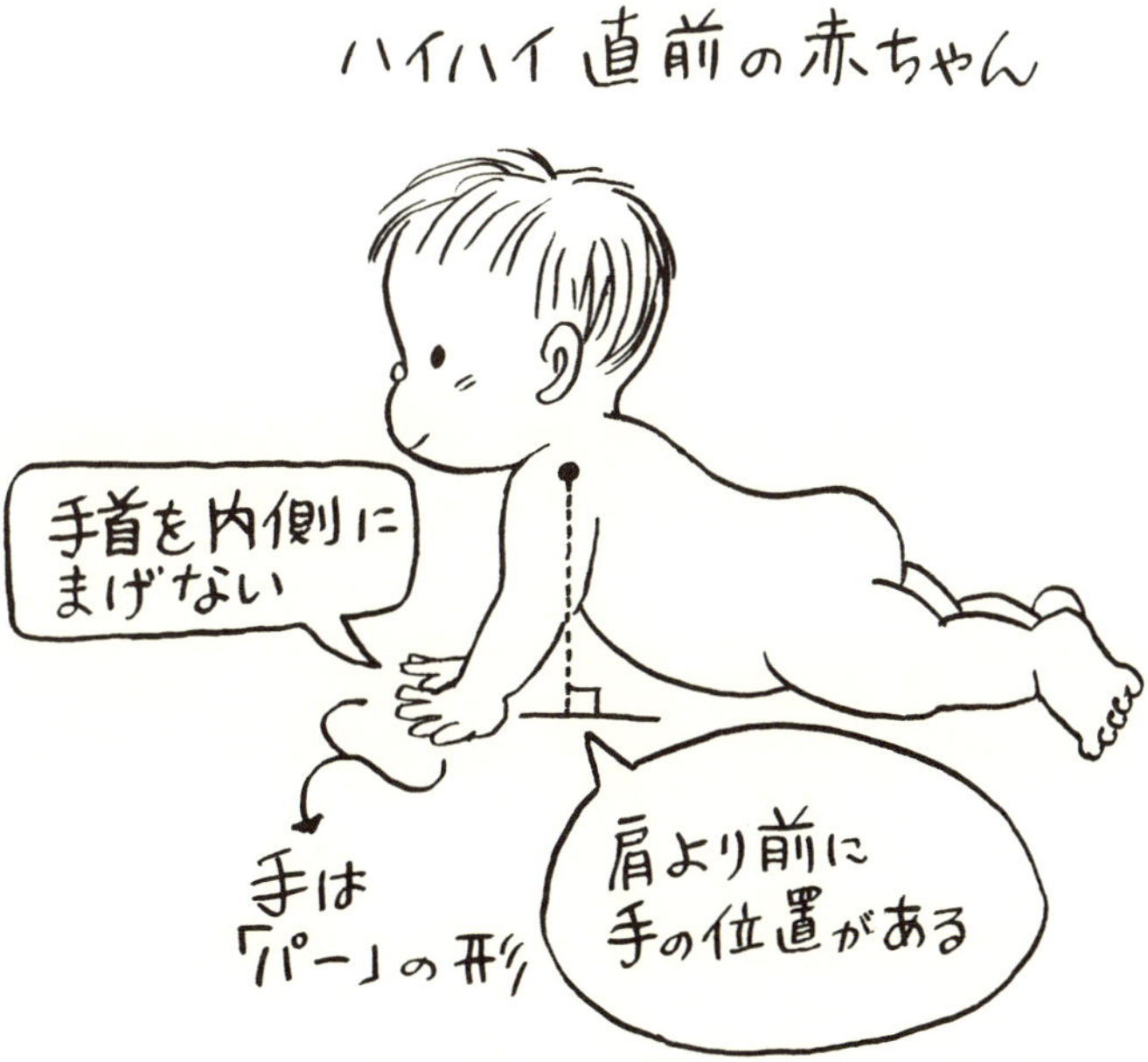
ハイハイ直前の赤ちゃん
手首を内側にまげない
手は「パー」の形
肩より前に手の位置がある

お手つきの手

おすわりに疲れたらゴロンと横になって、
姿勢をかえる方法があることを知っていれば、
赤ちゃんが苦しい思いをせずにすみます。

独り座りのチェックを

赤ちゃんが、座位がとれるようになりました。はじめのうちは上体が前かがみになったり、後ろにそったりで、目が離せません。ゆっくり五つ数えるほどの間、背すじを固定できるようになると、座ることに疲れたとき、その姿勢のままゴロンと横になれるような体勢を赤ちゃんが知る手助けをしてやります。

まず片手を体の脇におろします。太ももから赤ちゃんのコブシ一つ離れた位置に、指を広げて手を置きます。赤ちゃんは座高が高いので、どうしても上体が曲がります。伸びきった腕で上体の重さを支えていますので、そのヒジの内側をピョンと軽くたたいてやります。腕はガクンと曲がって、上体が横に倒れます。このとき横に倒れたままにして、赤ちゃんがその不安定な姿勢を自分で直そうとするかどうか、見ていてください。その時お母さんは、赤ちゃんの呼吸がうまくできているかだけをチェックします。どうにもならないときは、もう一度起こして、同じようにして倒します。赤ちゃんに

ピョン
ヒジの内側を軽くたたく
ゴロン
ついた手の指をパッと開く

とって難しいのは、お手つきをした手が倒れたとき手が体の下になって抜け出せず、足が伸ばせないことです。こんどは横倒れの上のほうの肩をポンと軽く押して、うつ伏せの姿勢にしてやります。

手を床につけたとき、指がパーっと開くかよく見て下さい。開かない、ひじも伸びない、しかも上体がそっている場合、まだお座りはむりです。油断ができません。特に後にドドンと倒れた場合を想定して、ガードしながら左右に身体を傾け、手でささえるという働きかけをして下さい。早く独立して座り、目の前のオモチャで遊びたいです。

前かがみになる倒れ方

座れても後ろに倒れてしまう赤ちゃんには、前かがみになる倒れ方を身につけさせます。

赤ちゃんの腰の近くを片手で抱き、腕のつけ根に近い胸元にもう一方の手を軽くそえて支え、赤ちゃんを床に向け、手だけが床に届くようにします。このとき、ヒジが伸び

腕のつけ根に
近い胸元に
もう一方の手を
軽くそえて
ヒジが伸びて
指が床についても
「パー」でいるか

ているかよく見てください。手のひら全体が床につくかつかないかくらいになったら、ゆっくり体をおろします。

首がしっかりしていない場合は、指が床につくと同時に握ってしまいます。体重が少しかかるとヒジを曲げ、顔が床につくほど下げても手は「グー」のままで指を伸ばしません。こんな赤ちゃんは、まだ座らせるのは早すぎます。

座らせて前かがみになる赤ちゃんは、お手つきの手で横になることができるのもすぐです。両手を前に同時につけるのではなく、片手を脇につけるお手つきの手を左右両側で何度かさせ、あとは放っておきます。

赤ちゃんの自習時間で、前かがみの二つ

折れのような姿勢の苦しさを味わわせる必要があります。指を広げ、ヒジの曲げ具合を重さに合わせるという高度な動きが、このお手つきの手なのです。

迷路反射

転んだときにちゃんと手がつけない子供がいます。
迷路反射の訓練をしておけば、
とっさのときでもケガが少なくてすみます。

手足の筋肉を自在に動かすメカニズム

私たちが手を使うときには、座っているか、立っているかしています。手の土台となる肩や腰が不安定では、手が揺れて思いどおりに使うことができません。また、手を動かすときには首を動かして顔を対象物に向け、目を合わせます。手を動かすときの姿勢が、手を使うこととかかわっているのです。

私たちの体の中には、頭の位置を変えると、それに応じて目や手足の筋肉が動く反射があります。手を思いどおりに動かすには、この反射が有効に働いてくれなくてはなりません。この反射は「迷路反射」とか「前庭反射」とかいわれています。

生まれたばかりの赤ちゃんにはこの反射がみられるので、反射を誘発するよう、頭の位置をいろいろに変えて目や手足を動かしてやり、同時に手を使っていけるように心がける必要があります。

走って転んだとき、手が地面につかずに頭を打ってしまうという例は、この迷路反射

迷路反射

が有効に動いていないからです。迷路反射を利用して転ぶように、筋肉を使っていないからだと思われます。

手を思いどおりに使えるようになるためにも、生まれた直後から迷路反射の誘発訓練を繰り返すことをすすめます。

赤ちゃんをうつ伏せにして頭を持って上のほうへ向けると、頭を上にあげ、手足を伸ばす傾向が出てきます。あお向けの赤ちゃんの頭を持って横に向けると、手や足や目が動きます。これらが迷路反射です。

迷路反射を引き起こす受容器は、耳の奥のほうにある内耳の「前庭迷路」と呼ばれる器官で、頭がい骨の中に埋まっています。前庭迷路は三本のチューブ状のものが互いに直角につながり、中にリンパ液が詰まっています。これに加速度が加わってリンパ液の流れが変わると、受容器が刺激されます。二種類の受容器があって、回転の角度に感じるもの（半規管）と、直進の加速度に感じるもの（耳石器）とがあります。

あお向けに寝ている赤ちゃんの頭を急に右に向けると、右の腕はヒジも伸び、手首も指も伸びます。左の腕はヒジが曲がり、手首、指も曲がります。足も同様です。弓を射るような姿勢（フェンシング姿勢）になります。

◈ 迷路反射

フェンシング姿勢

頭を左に向けると、左腕・指・ヒジ・手首が伸び、右は曲ります。足も同様です。

ゆっくり首の位置をうごかしても、迷路反射は起こりません。反射が起きるのは速い動きに対して、反射が起きます。この迷路反射は生後一カ月以内でも働きかけに反射が出ます。しかし、可愛い、まだたより気ない赤ちゃんに、瞬間的な刺激をあたえるなんて、とても出来ません。そこで一寸カンニングのし方教えます。

まず頭の位置を変え、その位置を変え、その位置に対する身体の特徴を、他の手で姿勢をととのえます。

このカンニングも、はじめゆっくりだんだん速く頭の位置を動かすと、赤ちゃんは迷路反射が起こりやすくなり、お母さんも慣れて早く動かすことができるようになります。頭を前のほうへ曲げると、背中が丸くなり、左右の手足は曲がります。また頭を後ろのほうにそらせると、手足が伸び、首も背中も伸びます。

迷路反射は、三次元の空間の中で頭の位置が決まると、それに都合のよいような姿勢を起こすように筋肉を収縮させ、その状態を続けるメカニズムだといえます。

手を使うとき、この反射も働くような使い方をすると、手を動かすメカニズムと、迷路反射のメカニズムが連動して働くようになります。

❖ 迷路反射

頭の位置と姿勢

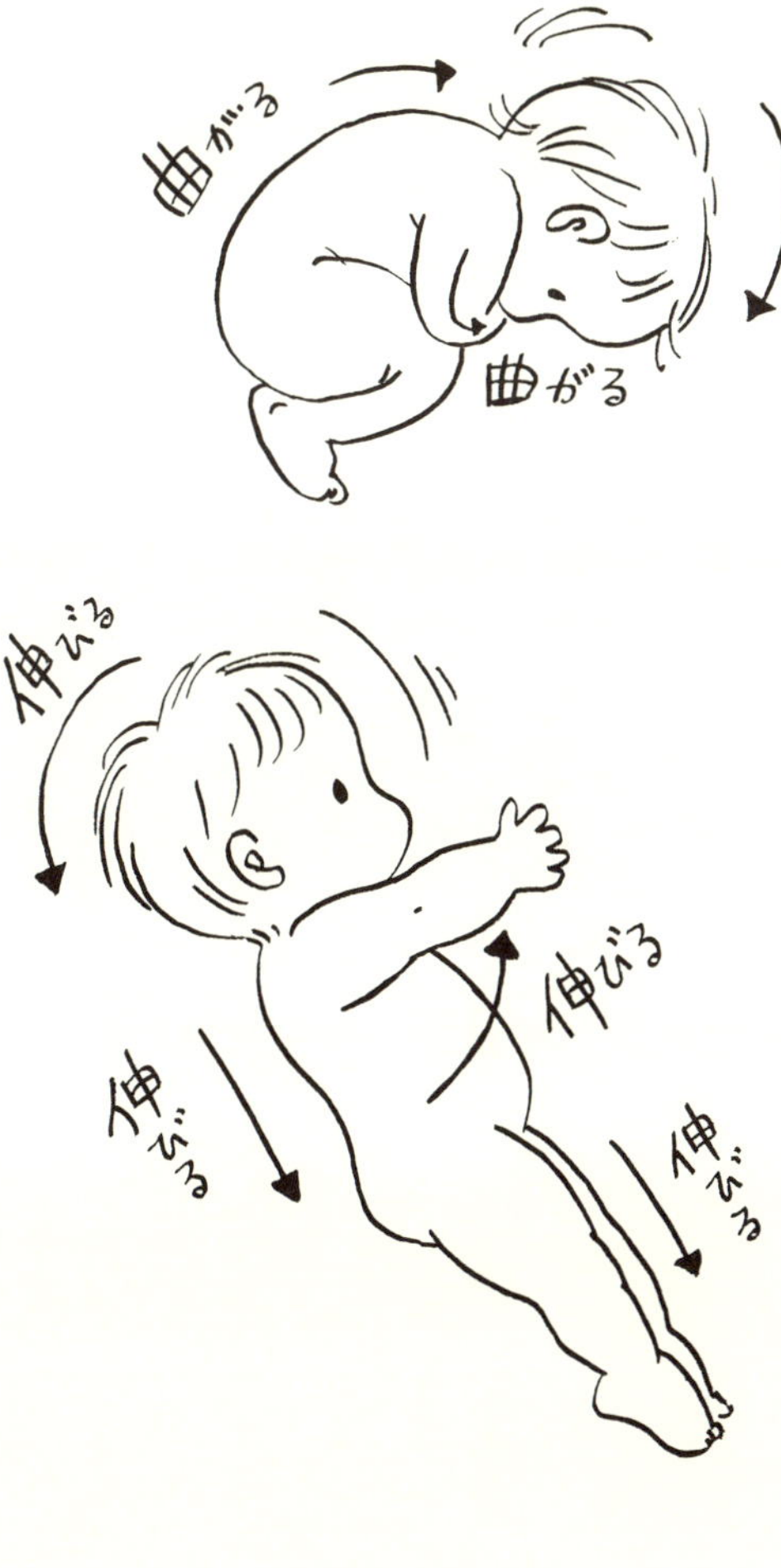

迷路反射がうまく働いている例

高校野球でも、選手がボールをファインプレーで受け取るとき、じつにうまく迷路反射のメカニズムの働いた姿勢になっています。

赤ちゃんのときから、この連動に注意します。手が十分使えない間は、迷路反射の誘発を繰り返すため、頭の横向き・前向き・後ろ向きをまず始めます。ハイハイになったら、前後左右のころがりをさせます。

内耳にある迷路の刺激で起こるのとまったく同じ反射活動を起こす受容器は、首の筋肉の中や、筋肉がつくところにあり、迷路反射を助けています。

ネコは迷路反射がよく発達した動物です。迷路反射をうまく利用している姿勢が観察できます。

産まれたばかりの赤ちゃんでも、この迷路反射を使えば、上向きからうつぶせに出来ます。自分の身体が床についたまま、自分で寝返りをしたような体験を持てた赤ちゃんは、身体の動かし方を早く習得します。

ねがえりのすすめ

反射を利用してのねがえりには、ちょっとしたコツがいります。生まれたばかりの赤ちゃんへの働きかけです。おむつを変える経験がありますので、その時の赤ちゃんとの接し方でよいのです。右回転を例にします。117ページ参照。

①図のように、先ず頭を右にむけます。同時にお母さんの左手で、左手と左足を曲げます。その時右手は伸びています。強く伸びきっている時は少し曲げ、頭と肩にかけているお母さんの右手でもう一度しっかり赤ちゃんの頭と耳を床に付けます。お尻だけ残ります。その時、すばやくお尻をささえ、トンと叩くように押すと、クルリンとねがえり成功。

②ねがえりしたら、頭も体も力が抜けます。床に鼻を押しつけて呼吸が出来なくなっていないか注意します。赤ちゃんが頭をがたつかせていればしばらく様子をみます。

③赤ちゃんの両手を肩口に曲げ、首が持ち上げやすい姿勢にして、背骨に添ってなぜ下ろします。「ここよ、力を入れて」という思いをこめて何度か促します。

背骨が反って足もあがれば、赤ちゃんは迷路を旨く利用でき、成功。
④もう一度、仰向けにします。もし赤ちゃん力が無いようなら、全部手を添え、あたかも赤ちゃん自身がねがえりしたように、体の一部は必ず床につけて仰向けにします。この運動、必ず反対向きもします。お母さんの今までの癖や利き手で、赤ちゃんもうまくねがえりできる向きがあります。まず向きやすい方向で働きかけます。始めはゆっくりでも、なんどもトライしてください。迷路反射は起こりやすくなります。またお母さんも慣れて早く動かせるようになり、左右のねがえりを同じようにさせることができます。

この反射を利用してねがえりをすることで、早く首がすわり、お座りも早くなります。この事は、自分の意志で欲しいものに手が出ることを早めます。手の動きへの働きかけが早くからできることになります。

❖ 迷路反射

赤ちゃんを上から見たところ

①

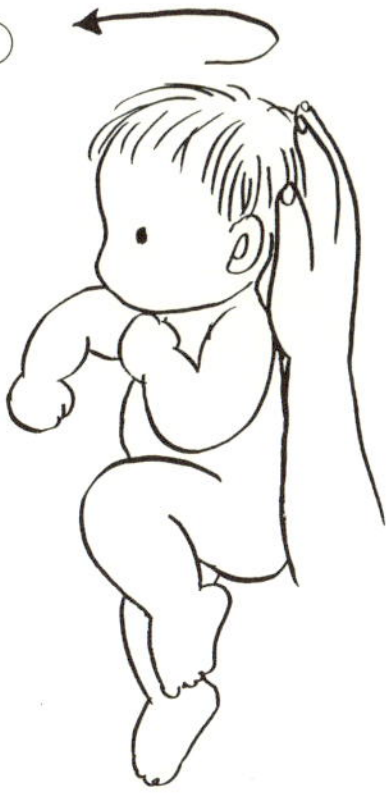

赤ちゃんを横から見たところ

②呼吸ができているか、よく見ます。

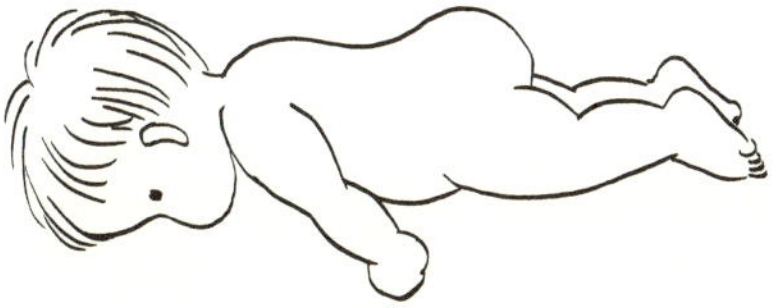

③背骨に添って、トン・スー
トン・スーとすり下ろす。

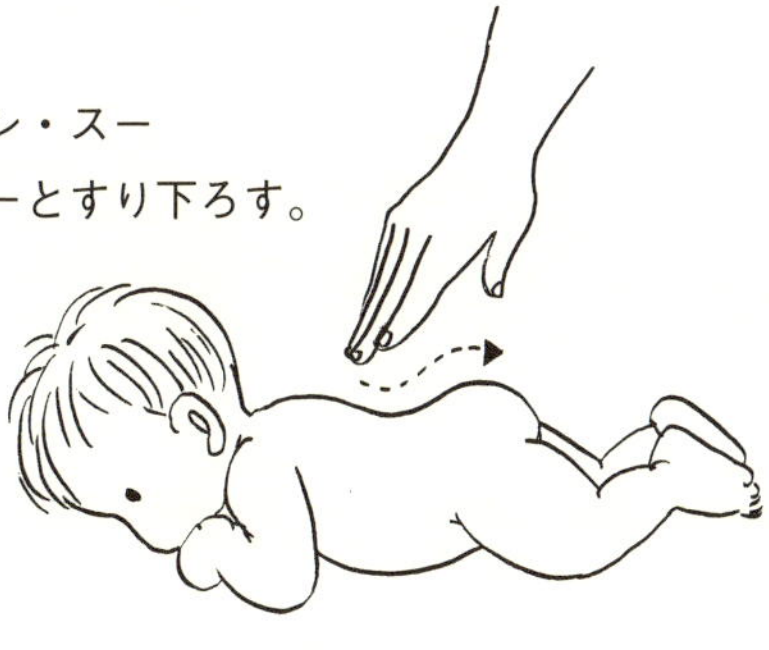

④お尻をトントンと押して
向きを変える

つつく

ボールなど軟いものを使って「つつき遊び」をします。
コツがわかれば他の指使いにいろいろ応用できます。
爪の手入れは深爪にならないように。

乳児の爪の手入れのしかた

乳児の爪が横に一筋に折れたようになり、先がそり返っているのをよく見ます。つついたり、つまんだりするとき、指先、特に爪にひっかかったものをたぐり寄せるからです。指先を使うのではなく、爪にひっかけるので、まだ柔らかい爪がその力に負けているだけです。爪を長く伸ばさないかぎり折れることはありません。爪でひっかける指使いは、指の動きの原型です。

乳児は顔などを傷つけるので、どうしても深爪に切ってしまいますが、手使いをするようになると、あまり深くて、いつも爪が伸びていない状態だと困ります。うまく指使いをしてくれません。

どのくらいの長さの爪がよいのでしょうか。それにはお母さんの唇でためします。赤ちゃんの指先を持って上唇に押しつけ、タテ・ヨコに動かします。痛くなく、わずかに爪とわかる程度なら、まだ切らなくてもよいのです。押しつけるまでもなく、手の甲で

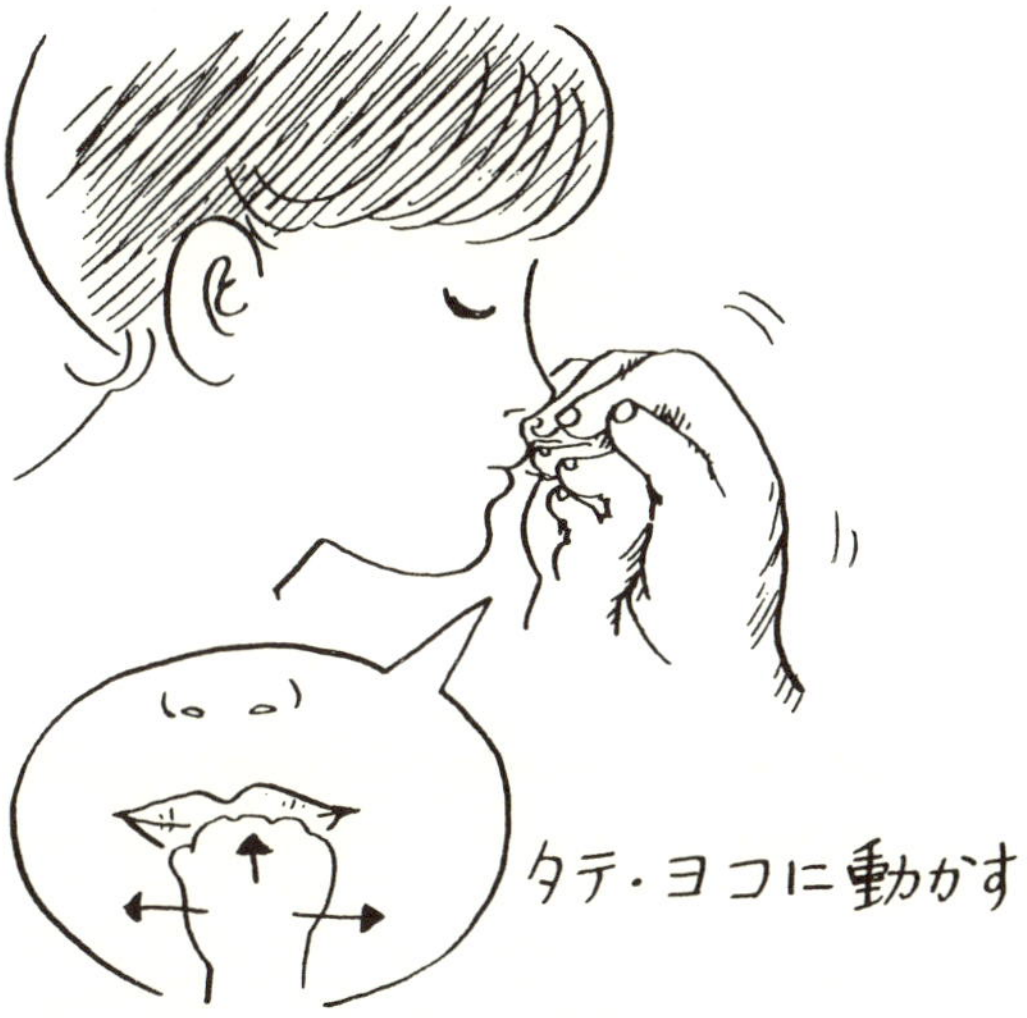
タテ・ヨコに動かす

痛くない。
まだ切らないでいいのね

も爪が当たるようなら切ります。

首の座っていない赤ちゃんなら、おフロ上がりにお母さんの前歯で爪をかみ切るのがよいのですが、それができない場合には、眠っている間に注意深く切ります。昔は炭をヤスリにつかってけずったようです。竹炭、備長炭は手がよごれません。

座れるようになると前向きに抱っこし、鏡の前で、見せながら切ります。切らないほうの腕にお母さんの上腕をかぶせて赤ちゃんの動きを少なくし、鏡の中の二人の手元に注目させ、お話をしながら切ると、うまくできます。

ボールつつき

〝つつく〟は、爪が長ければ爪つつきになるほど、指の突端の小さな面を使って、一定の強さで素早く物に触れ、触れた場所から素早く離すことが大切な動きです。

テニスボール（軟式）などを床に置いて、垂直に指を立ててつつかせます。まず、お母さんがボールの真上から人さし指で五、六回つつきます。ボールは、はずませません。

赤ちゃんの
ツメは
？
鏡を見て
お話しながら…

幼児がすると大きく動いてしまいますが二、三歳になれば、丸い円を描いて、その円の中ではみ出さないようボールつつきを何回できるかなど、遊びに取り入れることもできます。

ボールを少しゆとりのある箱に入れてフタをします（左ページ参照）。箱の六つの面にいろいろな大きさの穴を開けて、その穴から指先を入れてボールをつつかせます。穴は指の第一関節だけが入り、斜めに指を入れようとしても入らないくらいの大きさです。これは、うまく指の突端を使う訓練で、ゆっくり爪を鍛えることになります。

爪を利用して作業するものは多くあります。爪の柔らかい間ですと、少々伸びていても折れることは少ないものです。むしろ深ヅメして指先が痛むと、指使いはしてくれません。深ヅメのほうが害があります。爪をうまく利用した器用な指使いをしてほしいものです。

あまり指を使わないうちは、爪は長く形がよいものですが、爪使い・指使いをするようになると、丸く短くなります。幼児の爪は丸いのが当然です。二、三歳になっても爪が長く薄く弱々しいお子さんは、その子の行動をよく観察してみてください。体の動きが少なくなければ心配ありません。動きが少ないときは、何か起因があります。

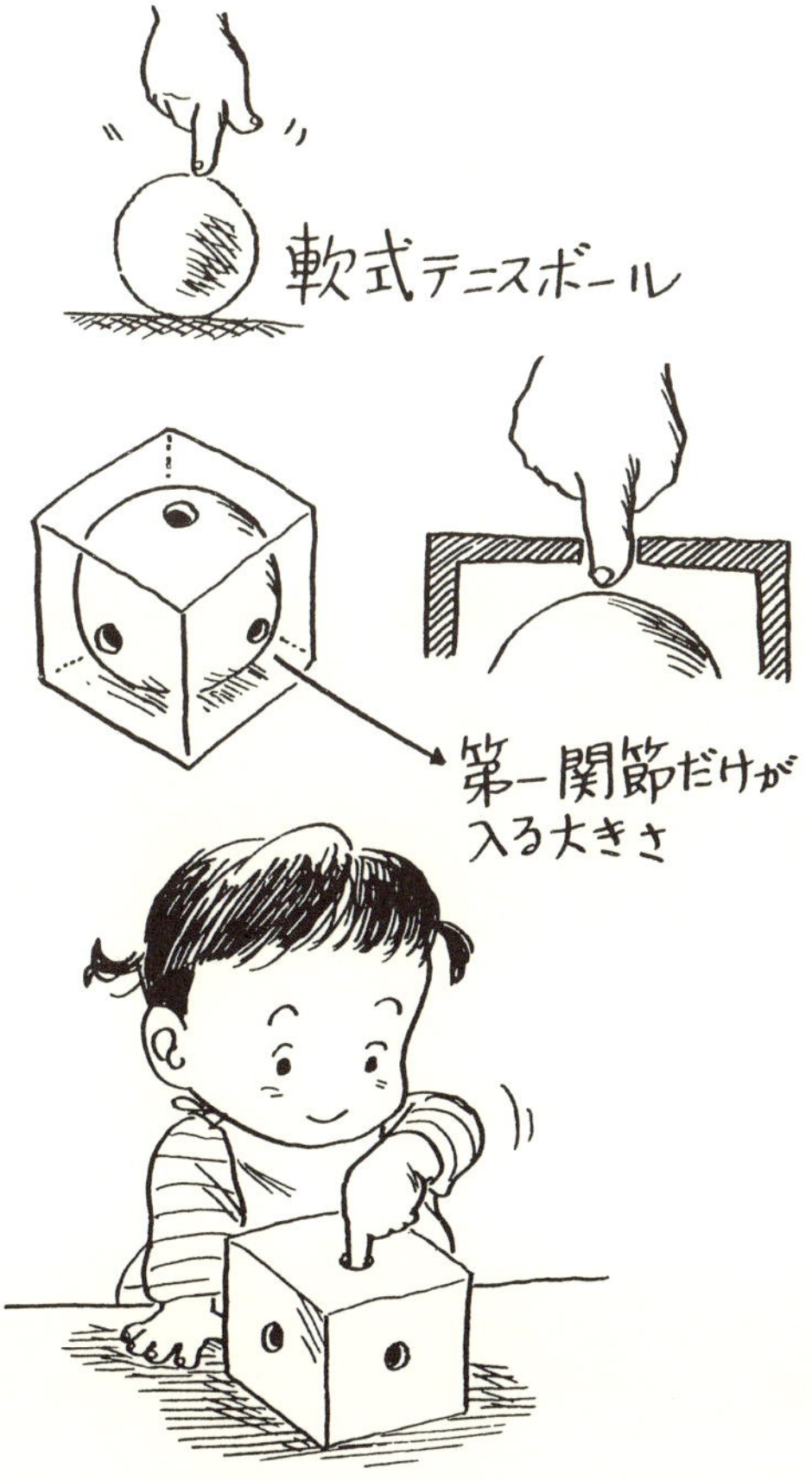
軟式テニスボール
第一関節だけが
入る大きさ

コンニャクや、メリケン粉のダンゴつつきなどをさせて、ツメ使い、爪にさからわない力の入れ方のコツを早く知ってもらえば、それからの指使いにさまざまな応用ができます。

はじく

指先の使い方、手の動きだけでなく
小さな音に耳をすます感覚も磨かれます。
いろんなはじき方で楽しみましょう。

音で遊んで自分で覚える

〝はじく〟には、指先の爪側で外にはじくのと、指紋側で内にはじくのとがあります。人間の指は対向・対外といって、親指に他の指をくっつけること、離すことができます。〝はじく〟はこの動きを応用したもので、琴を弾くときの指使い、おはじきなどの指の使い方もそうです。〝握る〟〝つまむ〟〝持つ〟ができるころからの遊びを紹介しましょう。「一弦ギター」です。

小箱の一弦ギター

小さい箱たとえばマッチ箱の内側に輪ゴムをかけたものと、外側に輪ゴムをかけたものの二通りを用意します。輪ゴムをはじいて音を出す遊びです。

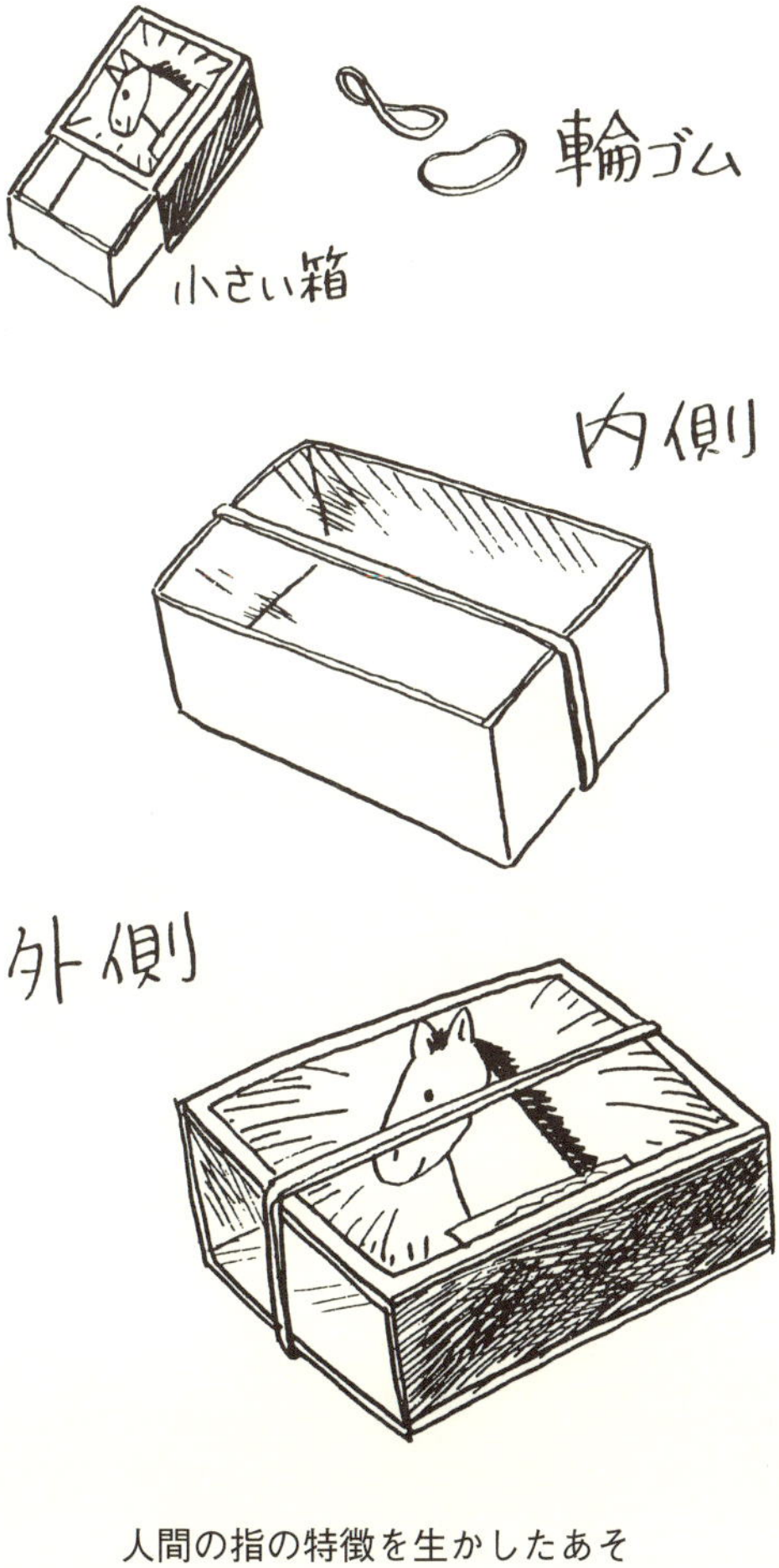

人間の指の特徴を生かしたあそびです。

内箱が浅いと、どうしても爪先、指先ではじかなければなりません。また、小さいものは片手で強くはじけません。一方の手を添え、その添える場所によっては音がうまく出ないことなど、繰り返すうちにわかってきます。親が教えるのではなく、自習で知ってもらいます。深い箱では指先の第一関節を少し曲げ、その節にひっかけてはじくこともできます。いろいろな箱でも応用して下さい。

指紋側でざらざらとこすりながら音を出すこともさせます。どんな場合でも片手だけでさせず、もう片方の手で箱を支えさせます。両手で作業をするという習慣づけをします。

外側に輪ゴムをかけたものは、指先を軽く曲げ伸ばしして音を出します。強く大きくはじくと輪ゴムがはずれやすいので、細かく、速く動かす練習をします。これは高度な指の動きです。爪先使いでないと音は出せません。爪弾きです。

いずれもお母さんがあらかじめやって見せて、輪ゴムの強さを選んで、よい音の出る張り具合にして与えてください。一本一本の指使いを訓練するのですから、小さな音に耳をとめることも合わせて感覚を鍛えるため、「一本の指だけの音を聞かせてちょうだい」と、荒っぽい弾き方を制してください。

はじく

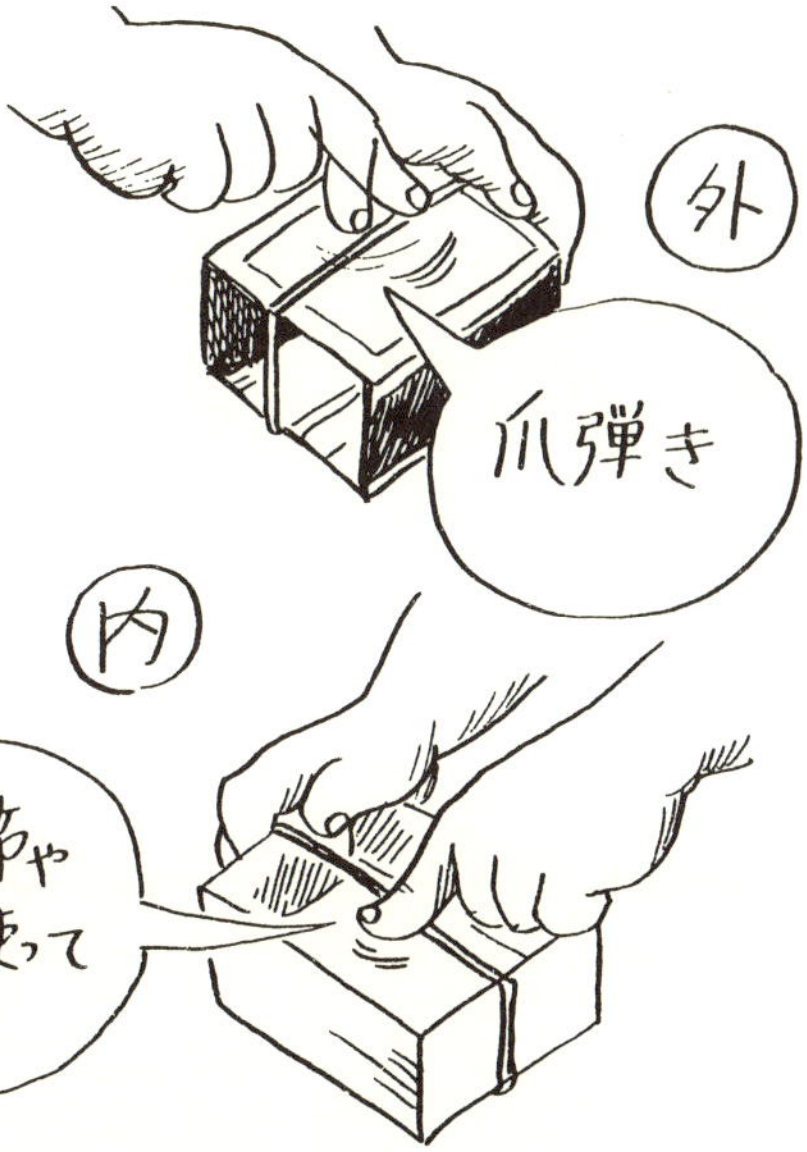

大きい空き箱の一弦ギター

うまく指使いができると、こんどは大きな空き箱に輪ゴムを張り、その間にエンピツなどをはさみ、片手でエンピツを動かしながら、音の高低をつくってはじいて遊びます。これは手を取って教える必要はなく、幼児のほうからまねてみようとするまでお母さんが遊べばよいのです。

幼児がしたがればそれを与え、あとは放っておきます。お母さんのように、よい音を、いろいろな高さの音を出すための研究が始まります。エンピツがはずれたり、輪ゴムが切れたりしたときの補修だけ手助けします。どうしてもできなければ、またマッチ箱に戻り、両手で遊んでいるかどうか注意します。ムチャクチャはじきができるようになると、はじき方をお母さんのやるとおりにさせます。

人さし指を曲げ、それによって音を出し、指は速く動かします。同じ動きを全部の指一本一本でします。親指を箱のふちに固定し、指の指紋側ではじき、親指にくっつけて

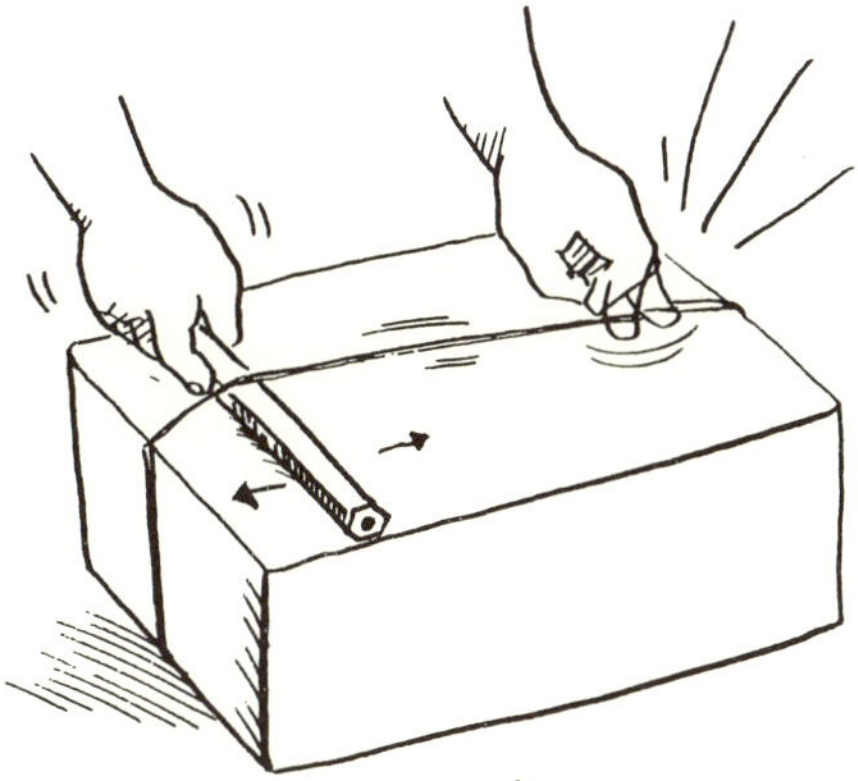

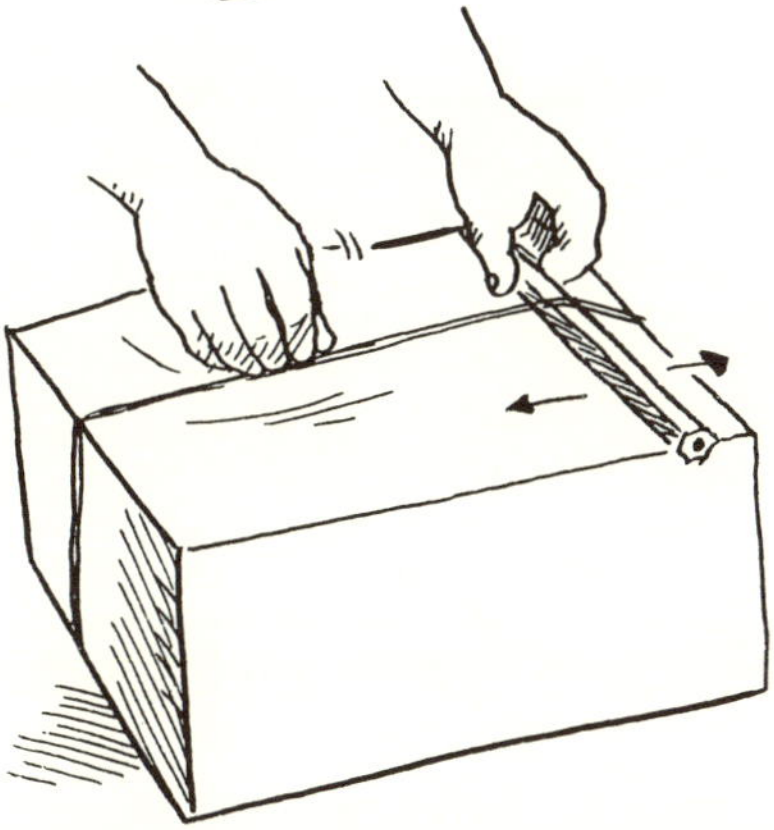

まずお母さんがあそんでみせます。手指をいろいろ動かして、音色であそびましょう。

音を出す、その反対に親指をつけた指をそって音を出すことなど、まねさせます。リズムをつけて合奏してください。

五本の指先を横一線になるようにそろえ、親指側から小指側へ、小指側から親指側へ、ちょうどバイオリンを弾くように輪ゴムをこすります。指先の使い方ひとつでいろいろな音が出ることを知れば、遊びも面白くなります。弦をこするのにも、手首を硬くしてヒジで動かすのも、手首のひねりで音を出すのも、手使いの基礎的な動きです。音を手助けにして、遊びを広げてやります。

既成の玩具ですと、他の要素が多くなって、単純な音をはじくなどの基本的な遊びからはずれてしまいます。工夫し、手作りのオモチャでさせる親心がほしいです。

引っぱる

指切りゲンマンや箱車で遊びます。
指は一本ずつ使って
どの指にも力をつけるようにしましょう。

弱い指をつくらない

指の力をつけるには、一本の指でおもりを吊り上げて訓練するのがよいのですが、幼児には、遊びの中で徐々に筋肉を発達させます。どの筋力も平均して発達させないと、正しい、美しい動きはできません。引っぱる力のつく遊びを紹介しましょう。

指切り

一般によくやられている〝指切り〟の応用です。幼児と約束ごとをするとき、単に小指をからませてするだけでなく、小指から始まって親指まで一本一本、五回の指切りをします。「指切りゲンマンうそついたら針千本のまそ」と歌いながら、念入りに約束するのです。

右手も
左手も
五本指で
ゲンマン
4 3 2 1 5
指を
しっかり
からませる

そのとき、からませ方の強い指・弱い指があるか、指を振りながら見ます。弱い指があれば、「おまけのおまけ」といって回数を増やします。幼児のほうがその力に抵抗して強くするように仕向けます。

左手もします。何度してもあきないのは二、三歳ごろです。親のほうはあきますが、スキンシップにもなります。約束ごとを何回も反復し、その約束ごとを記憶させることもしてください。

おもちゃで独り遊びができるようになると、指の使われ方はかたよってきます。よく使われる指の引っぱる力は強く、からみも強いのです。

指切り遊びをすると、弱い指がどれかよくわかります。弱い指だけを多く使うといってもむりですから、指切りのおまけに、弱い指の回数を増やして強化するわけです。

このときの注意は、かならず指をしっかりからませることです。親子で指の太さに大きな差があるときは、親は小指だけで相手をするといいでしょう。

箱ぐるま

大きな紙箱に穴をあけ、ひもを通し、ひもの先に指一本だけ掛けられる輪をつくります。まず箱の中に何も入れない状態で、幼児の人さし指だけで十分、引っぱれる重さかどうか確かめます。そしておもちゃなどを箱に入れて、次々と引っぱって移動させます。テーブルの上などで、指と腕だけで引っぱれるようにします。

伸びた腕を縮める引っぱり方と、曲げたヒジを伸ばしながら引っぱる引っぱり方と、両方がうまくなるように腕を右から左へ、左から右へと動かすのです。左右に大きく動かすとき腰をひねらさないように、あいている片手を床につけるか椅子のヒジかけに置き、その手にも力をかけさせて、背骨をゆがませないで引っぱらせます。

指の運動としては、短い距離を引っぱって、手首から先の筋肉を発達させるのです。上体まで動くほど強く引っぱらなくてもよい重さにします。

やがて、小さな箱に大きな物を乗せます。本や人形など不安定な重い物を、落とさないように運ばせます。それには引っぱる力を調節して、スピードコントロールが必要になります。

そろそろと動かすのは、弱い筋肉の緊張状態を長く続ける力をつけるためです。自分の持つ力を最大にして出しつづけるのは筋肉を鍛えることで可能ですが、一定の力を出しつづけたり、落とさないようにしながら動かすには、高度な脳の働きができなくてはなりません。何度かの失敗で身につきます。

引っぱる

紙やぶり

子どもの興味に合わせて誘ってあげると、
腕・手首・指先使いの基本がのみこめます。
ママもいろいろためしてみましょう。

手のひらと五本の指を使う

紙やぶりを面白がる時期があります。この興味に合わせて、腕・手首・指先使いの基本型を覚えさせます。

紙やぶりをする赤ちゃんの手つきを見てください。ふつう赤ちゃんは手を丸めて、紙をわしづかみにしています。ヒジを張って引っぱってやぶり、手首はほとんど動きません。よく観察してください。

まず、お母さんの実習です。分厚い週刊マンガ雑誌などを用意し、とじ金具をはずしておきます。適当な枚数をやぶってみましょう。このとき、手のひらと五本の指とで両側をしっかりはさみ、ヒジを曲げ、利き手を手前に、他の手を向こう側に押し出します。手首をあまりねじらず、ヒジを中心に手で円を描くように動かしてやぶります。

ヒジを外へ張ったり、腕を伸ばしぎみにしたり、手首だけのひねりではとても固くてやぶれないものでも、このやぶり方だとやぶれます。握り方も指先だけで持ってはダメ

まずお母さんがためして、体
の動きを確かめてください。

です。枚数の多少は個人差がありますが、ともかく何度かやって、紙の条件でヒジ、手首、手先がどう動くか、どの筋肉が強く緊張するかを、自分の体でさぐってください。

赤ちゃんはわしづかみですが、その手を、手のひらと五本の指とではさむ持ち方にして、その上からお母さんが手を添えて一、二枚の紙をやぶります。正確に手を動かすために、お母さんは赤ちゃんの背後から手助けします。赤ちゃんが独りでやぶれる紙より枚数を多くするか厚い紙にして、手首を動かさず、ヒジの角度を変えてやぶるコツを覚えさせるのです。お母さんが手助けして、教えてください。

手首ひねり

自習は自由にさせます。遊びの中で、手首をひねることは自然に身につくはずです。三枚重ねの紙がやぶれるようになると、同じ紙の一枚を指先つまみ（主として親指、人さし指、中指）でやぶかせます。お母さんが背後からヒジを固定し、手の甲を軽く持って、手首ひねりでピリピリとやぶります。ひとひねりでやぶけるだけの長さの紙を、

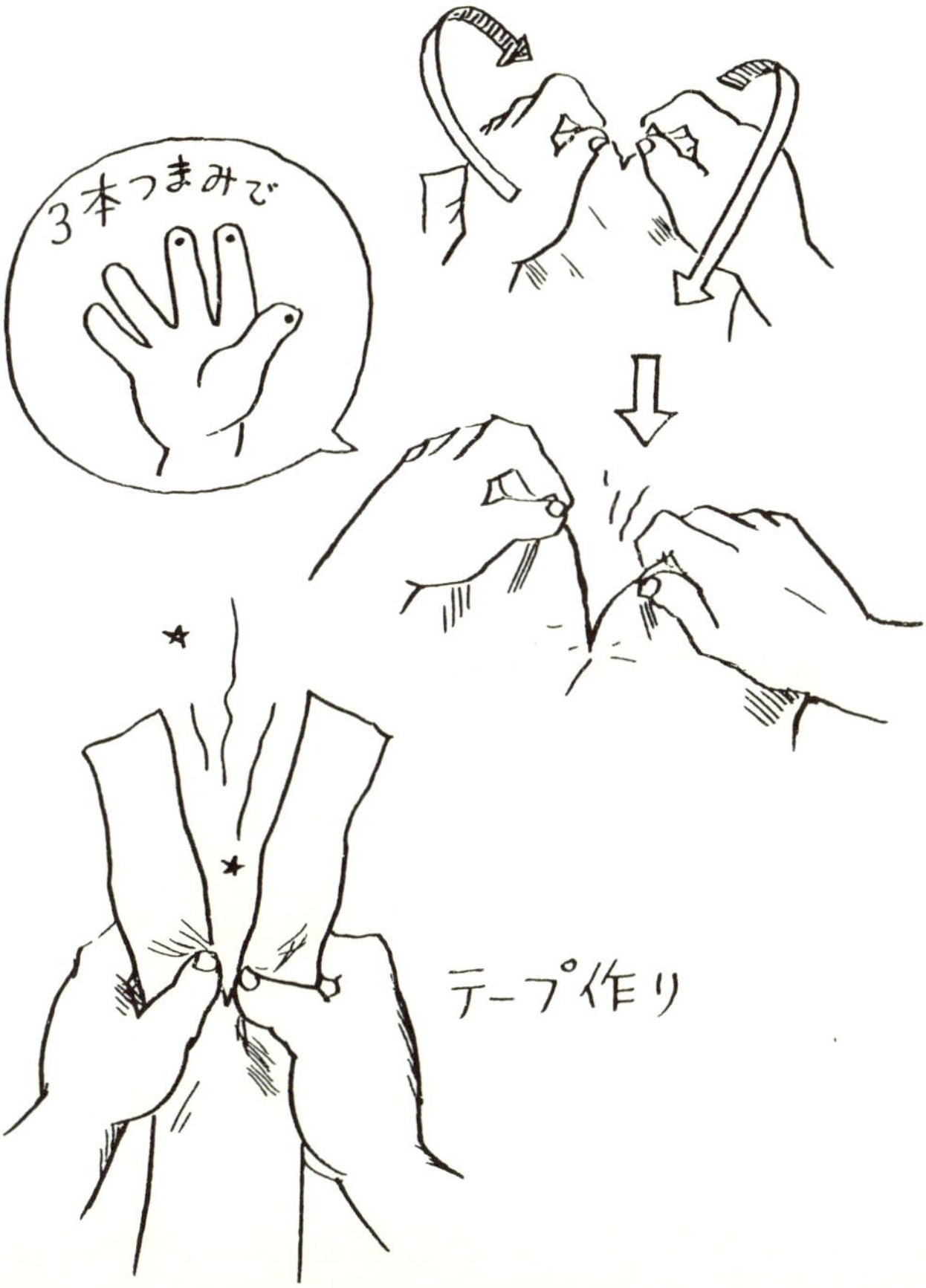

ピリピリ破りができたら、テープ作りに挑戦！

次々にやぶります。やぶった紙の端をくっつけて、ヒラヒラのクシなどのおもちゃをつくるといいでしょう。

指先を小さく動かして細い紙を縦に二枚に切ることも、お母さんは見せてあげてください。そのテープも利用して、赤ちゃんは手づくりのおもちゃの変化を楽しみます。意味なくやぶっていた赤ちゃんに、紙をやぶることで形を変えられることを感じとってもらいたいのです。

紙やぶりは大いにやらせ、自分の手の長さより大きな紙なども全身を動かしてやぶらせながら、筋肉を鍛えます。母親がしたテープづくりを自分で工夫しながらできるならば、その子はもうしっかりと脳を働かせた手使いをすることができるほど発育しているといえます。

注意・紙破りに使う雑誌など、必ずとじをはずしてバラバラにして与えます。本を破ってはいけないことも教えます。禁止をどのように教えるか、許可なしでは自由に出来ない世界があることを知ってもらうことは、大切なことです。

はさむ

指の間にものをはさむには力が必要です。
はさんだりゆるめたり、
自由にコントロールできれば美しい動きができます。

指をまっすぐに伸ばして……

子供のころ、あやとりなどをよくした年代の女の人は、細い糸を指の間にはさんで強く引っぱっても抜けないほどの力を出すことができます。編み物、とくにレース編みなどは、編み針を持たないほうの手の動きや、指にかけた糸の調節がうまくできないと、美しく整った編み目にはなりません。〝はさむ〟も基本的な指の動きの一つです。

幼児はたばこを吸うしぐさをまねて、指を二本立て、口もとに持っていきます。このころには、人さし指と中指の間に軟らかい軽いものをはさむことはかんたんにできますが、重いものをはさんで持ちつづけたり、薄いものをはさんで引っぱり合うことは難しくなります。隣同士の指の組み合わせによって、はさむ力には極端な差があるものです。

〝はさむ〟力を鍛えましょう。

紙テープ作り

まず紙テープ作り。一・五～二センチ幅のティッシュペーパーを八つ折りにして、左右の人さし指と中指の間にはさんで持ちます。両手の間は十センチほど離して、引っぱってやぶる遊びです。

紙にはやぶれやすい目の向きと、やぶれにくい目の向きとがありますので、はじめはやぶれやすい向きに引っぱれるように紙を折って、はさんでください。

指をねじって紙をからませたり、指につばをつけたりせず、かならず指をまっすぐに伸ばしてはさませます。幼児の力でやぶれる程度の厚さに紙を折るなどの工夫を、最初はしてあげてください。

紙引きゲーム

次は、紙引きゲームです。こんどは、やぶれないような紙を使い、親子で引っぱり合って、紙の端が指の間から抜けると負けです。紙をはさむ指の組み合わせは、二人とも同じでも違ってもよいことにします。家族や友だちと一緒にリーグ戦でも、勝ち抜き戦でも工夫してください。

お母さんのほうの力が強ければ、やぶれるような紙に替え、途中で紙をやぶった場合、お母さんの負けになるようなハンディをつけます。お母さんは幼児の引く力に合わせながら、自分の指に力を入れ静止させなくてはなりませんから、お母さんの指使いの訓練にもなります。

紙質によっては肌を痛めるような切口のするどいものがあります。注意してください。引っぱり合うものは紙にかぎらず、毛糸、割りばし、プラスチック定規など、身のまわりから材料をさがしてください。

◈ はさむ

図①

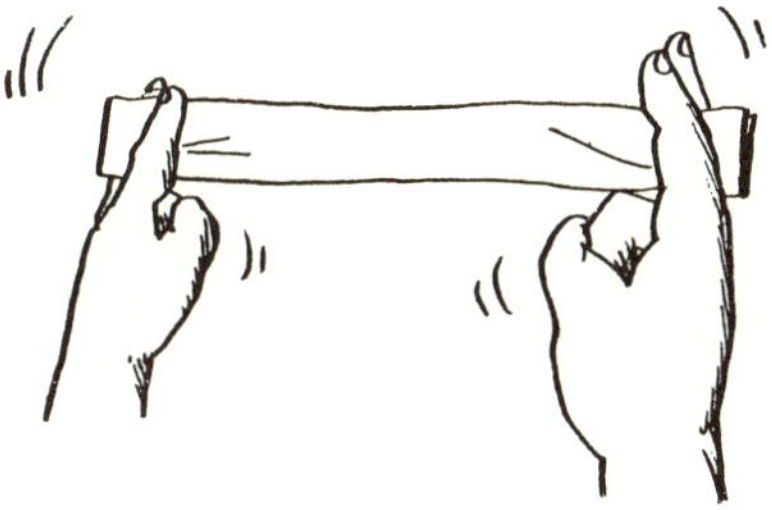

図②

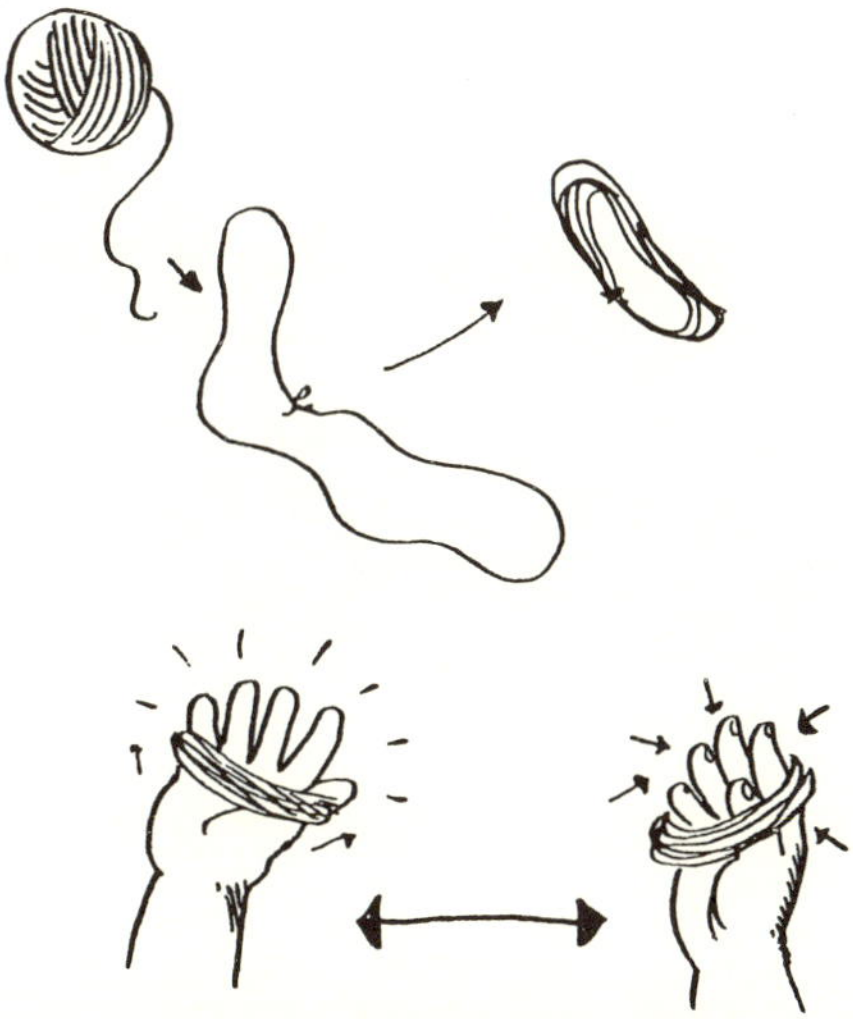

紙・毛糸・割バシなど、身近な材料でゲームを楽しくしましょう。

太い毛糸を七十センチほどの長さに切って、図2のように指にからみつかせます。糸の端を引っぱったりゆるめたりするのに合わせて、手の指を開いたり寄せたりします。両手ともうまく動くようになれば、毛糸を輪にして左右の指に同じようにからませ、「むすんで、ひらいて」と歌いながら、指の間を広げたり、すぼめたりして遊びます。親指のはさむ力をつけるには、手をそらせて人さし指のつけ根に親指をピッタリくっつけて、その間にはさみます。このとき、他の指を曲げないこと、親指の関節を伸ばすことに注意してください。

ハンカチ抜きゲームをしましょう。親指を立てた左右の手にハンカチ（布、ひも）などをわたします。相手がそれを抜きとったり、たたき落としてとる瞬間、素早く親指ではさんで守ります。はさむ力が弱ければ、抜きとられてしまいます。

道具使い

スプーンは最初から正しい持ち方、
「グリップハンド・ペンシルハンド」を教えます。
手にあった大きさのスプーンを使ってください。

手に合ったものを選ぶ

お母さんが赤ちゃんにスプーンで食べさせるとき、よく見てください。赤ちゃんの口に対して、スプーンを垂直に入れていませんか。この動きをまねて赤ちゃんが同じスプーンづかいをすると、むだな動きが多く、こぼれやすいのです。赤ちゃんがスプーンを持ちたがれば、スプーンの横側を赤ちゃんの口と平行にあてて、食べさせてあげてください。お母さんは鉛筆を持つときの握り方（ペンシルハンド）ですが、赤ちゃんは握りしめるグリップハンドでもかまいません。

スプーンは手に合ったものを使うのが上達の早道です。柄の太さ・長さ、頭の大きさ、全体の重さ、重心の位置などを考えて選びます。

柄の太さは、握った指が余ったり、また、まわりきらないものは使いにくいのです。頭は丸に近く、赤ちゃんが口を閉じたときの唇の長さくらいのものがよいでしょう。柄の長さは、赤ちゃんの二握り分以上とします。

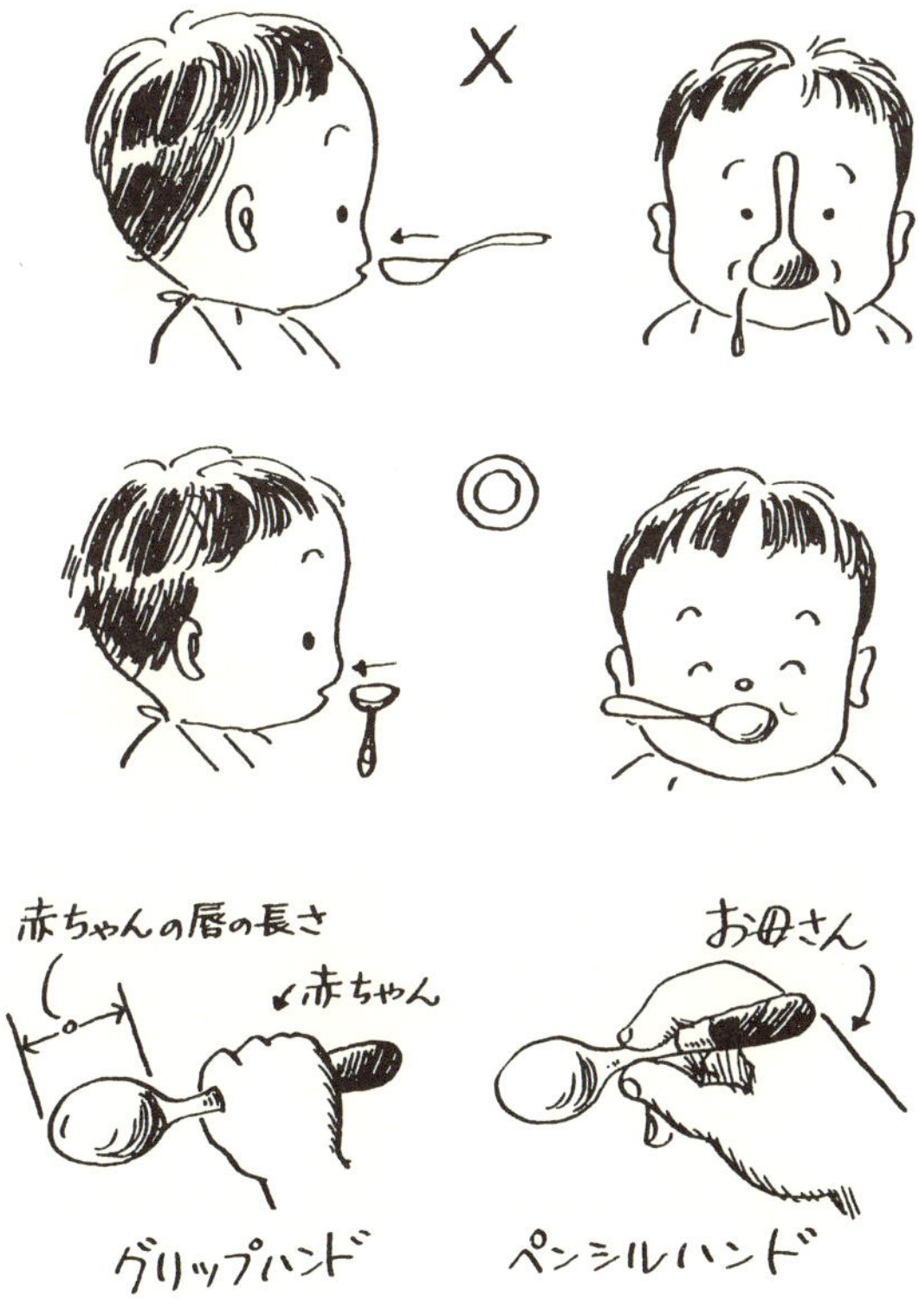

スプーンで食べさせるときは
赤ちゃんの口とスプーンの横
側を平行にしてください。

ヒジをはらないように

食べ物を舌の上に落として食べ、スプーンを立てて舌でまさぐり食いなどは、させないようにします。遊び食いのクセがつきやすく、よくこぼします。

練習時の姿勢は、テーブルにまっすぐに座らせます。食器の中身がよく見える高さにし、上腕を体の両側につけ、九〇度にヒジを曲げます。そのとき手首より手前には、食器を置かないことです。

スプーンは四本指でしっかり握らせます。ちょうど重心に人さし指がのる位置に握らせます。親指を柄にかけられるとよいのですが、重心がスプーンの頭にあまり近すぎると親指がかけられません。

お母さんは赤ちゃんの背後から、赤ちゃんの手の甲を持って、ヒジをあまり上げさせないようにして、スプーンを手前まわり、反対まわりと円を描くよう動かします。スプーンの頭を動かさないよう、食べ物を口もとに運ぶ動作を何度かしてやります。四、五回うまく続けば、一人でさせることを繰り返します。

ものをこぼさないで口に運ぶには、手首の回転を合理的に動かします。丁度スープを飲むマナー、手前から外へスプーンを動かしてすくいます。手前から外へ回転（回外）そのまま口元にもっていって、内へ（回内）回転させます。無駄がない動きだからこそ、スープはこぼれません。赤ちゃんにはこのスプーンの使い方をまず教えます。回外・回内の動きをする手首の運動になります。外から内へとスプーンを動かすと、食器に口をそえて、スプーンで食べものを押しこむようになります。これははや食い、ひじの動きが主となり、手首の力がつきません。食べものによっては、手首のひねりも少なく、手のフォームがくずれやすくなります。そのつど手をそえて、同じ動作になるように教えてあげてください。

上手になると、グリップハンドからペンシルハンドに変えますが、試みてうまくできないようなら、次はハシの持ち方を先に教えてもよいのではないでしょうか。

一人で食べているとき、スプーンを持っていないほうの手の位置にも気を配ってください。食器のふち、またはテーブルを押えさせます。片手を遊ばせないようにしてください。

棒をはさむ

スプーンをグリップハンド（握り持ち）でうまく使えるようになるころから、いよいよペングリップ（鉛筆を持つときの握り方）の練習です。日本の道具には、この手指づかいでうまくつかいこなせるものが多くあります。ペンやハシ、スプーンなどの持ち方の基礎になる指づかいの練習を紹介しましょう。

削っていない鉛筆、筆などの棒を用意します。人さし指と親指をくっつけて、平行になるように伸ばします。逆さ「ユ」の字形です。そして人さし指と親指の間に棒をつけ根まで差し込んで、軽くはさませます。このとき、中指が棒に振れないように持たせてください。

これは、人さし指と親指の側面同士で棒をはさんで支えています。棒が細すぎたり太すぎると、余分の力がかかり、長く持ちつづけられません。〝二面持ち〟ではなく〝二点持ち〟になってしまいます。幼児の指の太さくらいがちょうどよいでしょう。

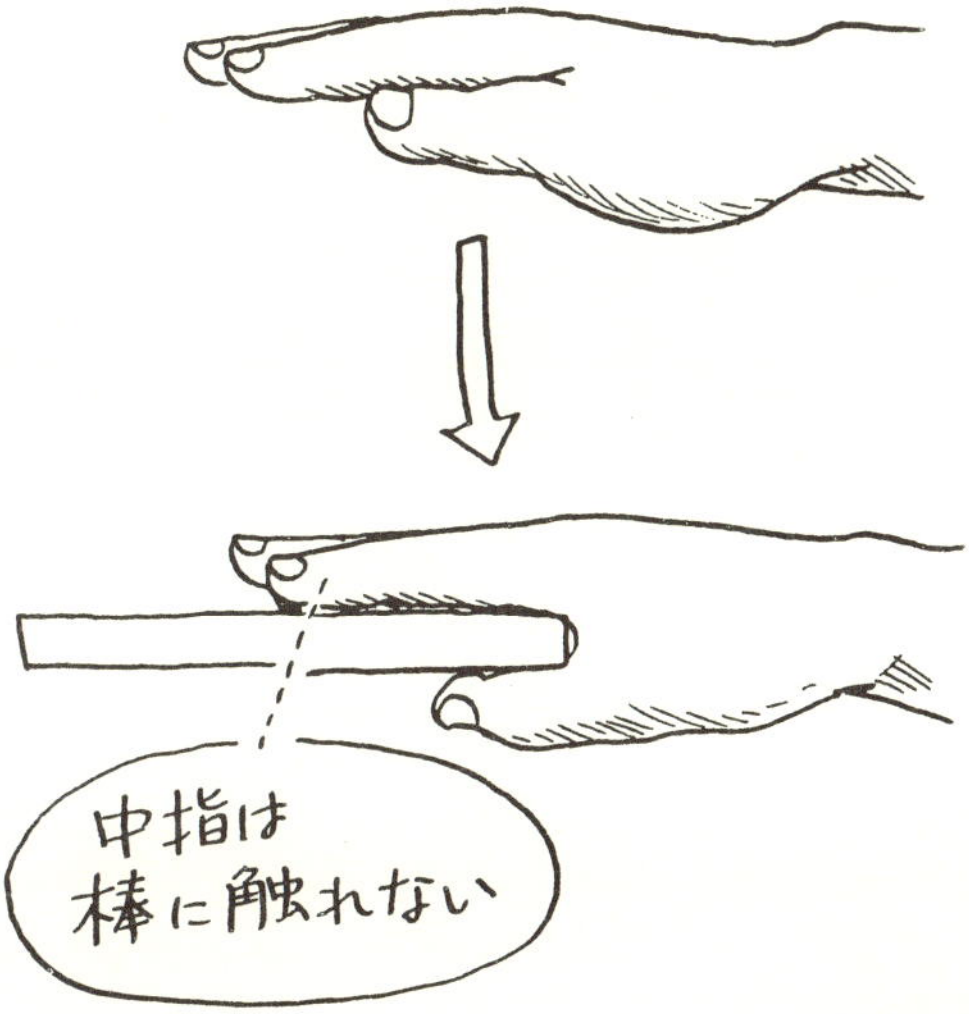

幼児の指の太さくらいの棒で、
まず“二面持ち”をします。

手ごろな太さの棒がない場合は、割りバシなどに布製の粘着テープなどを巻き、ザラつきで抵抗面を大きくしたものを工夫します。お母さんが自分の指で試し、棒と自分の指の太さの比率を見て、幼児の棒の太さを調節してください。

棒を振る

うまく棒をはさめたら、そのまま、①ヒジの動きで棒を振る②手首の動きだけで棒を振る③ヒジと手首の両方の動きで棒を振る——ことをさせます。これが第一段階です。

第二段階の訓練は、棒をはさんだまま中指、薬指、小指を握ります。そして人さし指を親指の頭のところまで、棒の上をすべらせるように曲げます。親指は伸ばしたまま棒にそっています。

これは〝二点持ち〟です。棒はゆがみやすくなります。曲がった中指が少し棒に触れて、三点で支えられるようになれば棒は動かないのですが、特に教えません。教えると、親指を強く押しつけてしまい、人さし指が浮いて、ますます棒のゆがみが出ます。

手首で振る
ヒジで振る
ヒジと
手首で振る

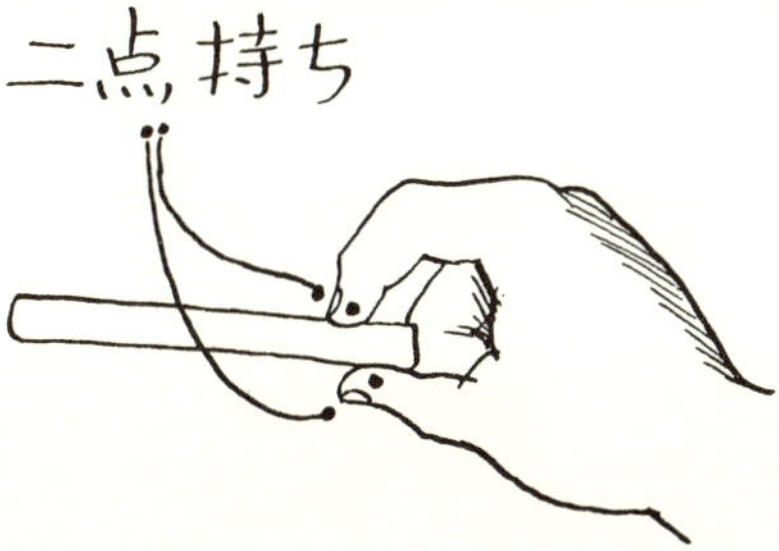
二点持ち

この姿勢で、さきほどの①②③の順序で棒振りをします。歌などに合わせて、楽しく振らせてください。

第三段階の訓練は、棒にそって指を動かします。人さし指の先を棒にそわしながら動かし、人さし指の曲げ・伸ばしをします。うまくできたら、棒から鉛筆などすべりやすいものに変えます。

親指は伸ばし気味にし、人さし指はしっかり曲げます。このとき第二関節は強く、第一関節は弱く曲げさせます。第一関節を強く伸ばさないよう注意します。

鉛筆をしっかり親指と人さし指の二本の指で持ち、中指の第一関節の節目のすぐ先を鉛筆に軽くあてます。次はその中指を鉛筆にそわしながら、伸ばしたり曲げたりします。このとき、中指の第一関節から根元側を絶対に鉛筆にあてないことです。

中指に鉛筆があたる接点は、お母さんが自分の中指の第一関節付近をさわって確かめてください。太くなって、細くなる寸前を支点とすると、太い骨がストッパーになって、棒や鉛筆が動きにくくなります。この場所は、指先についで小さな道具使いに大切です。

親指だけを固定し、他の指を鉛筆にそって曲げ・伸ばししても鉛筆が落ちなくなるまで、ときどき、この動きを遊びの中にとり入れて、させてください。

鉛筆の持ち方

大人でも、上手に鉛筆を持てない人はたくさんいます。
親指・人さし指・中指の三本で、
しっかり「三点持ち」をしましょう。

しっかりした三点持ち

いよいよ鉛筆の持ち方の練習に入ります。

〝名指揮者〟の棒の持ち方で、鉛筆を持たせます。伸びている親指と人さし指をゆっくり曲げると、はさまれた鉛筆の端が指のつけ根の間から出てきますので、お母さんは、「鉛筆を離してはダメよ。力の強さを変えないようにして」といいながら、その鉛筆の端を持ってゆっくり引っぱります。

幼児が力を入れたり鉛筆を離したりしたら、最初からやり直しです。歌などでリズムをとりながら、鉛筆の端を引っぱったり押したり、お母さんの誘導に合わせて鉛筆が親指と人さし指の間をすべり動くようにします。すべりが悪いときは「せまいぞ、通れません」と止め、ゆるいときは「ぶかぶかです。脱線しますよ」といったりしながら、鉛筆を端から端まで何度か往復させてください（次のページ参照）。

親指と人さし指が自然に曲がり、弱い力で安定して持てるようになると、中指の先が

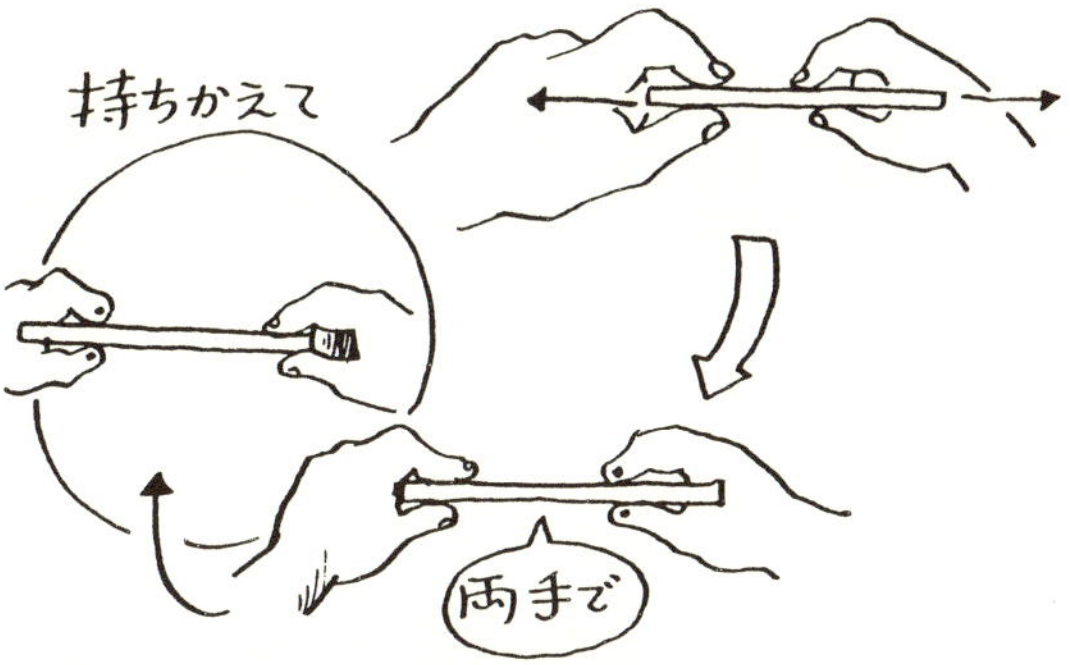

鉛筆に触れ、〝三点持ち〟（つまみ持ち）になってきます。

お母さんが引っぱったり押したりしていたのを、こんどは幼児にもう一方の手を使って、自分でさせます。鉛筆を持ちかえて、両方ともさせてください。

それができたら、お母さんは鉛筆の先を持って、鉛筆にあたっている三つの指にそれぞれ別々に刺激を与えるよう動かしてみます。親指のほうへ鉛筆を押しつけたとき、他の指にスキ間があかないよう、しっかりした三点持ちができることが大切です。

鉛筆の両端を左右の手でそれぞれ三点持ちをし、引っぱり合いをさせるのもよいでしょう。

ヒジは脇につけて

さて、鉛筆の持ち方の練習です。鉛筆の持ち方は、この三点持ちです。鉛筆を与え、削った部分のすぐそばを持たせます。

鉛筆を持ったまま、親指と小指の両側を紙の上に、同じような強さで、できるだけ多くの面をつけさせます。このときヒジは体の脇につけ、手首は伸ばしたままで、力を入れず柔らかい形です。鉛筆の先が紙面に届かないよう短くして、しっかり三本指で鉛筆を持たせておきます。

つぎに、小指の側面を紙の上につけたまま、親指側を少し浮かしてください。手首を回す（回外）要領です。幼児が自分の目で小指が見えなくなる程度まで、軽く動かせればよいのです。

こうして鉛筆の先を紙に届くまで押し出してやります。このとき腕も軽く紙面についていますから、そのまま手首を伸ばすと、鉛筆の持ち方ができあがります。

三点持ちの接点をずらさないように三本の指先つまみがうまくできれば、指や手首を動かすことで、鉛筆の先が左右・前後に動き、絵も字も自由に書けます。

筆の場合、そのままの持ち方で、手首を少し曲げながらヒジを上げ、腕が紙面と平行になるようにして動かせばよいのです。太い筆は、人さし指と中指の側面をくっつけて持つと、安定した動きができます。

鉛筆で小さな文字や線を書くときは、手首を紙面につけた姿勢のほうが安定します。手のくるぶしのあたりをつけての動きもさせてください。

運筆

正しく鉛筆が持てるようになったら、
描く位置が腰より下になるよう工夫して、練習です。
ママは、鉛筆を持たない手にも注意してあげましょう。

手をそえて力の調節を

鉛筆を持っても、うまく手を動かして力を調節しないと、線がしっかり描けないばかりか、芯が折れてしまいます。字を書き、絵を描くための基本的な運筆の仕方を遊びに取り入れてください。

長い鉛筆を親指、人さし指、中指の〝三点持ち〟で持たせて、手を浮かせます。このときヒジを軽く机のふちにかけてもかまいませんが、あまり強くヒジをつかせないようにします。

お母さんは、鉛筆の芯の出ていない先を持って動かします。大きく小さく、前後左右、円を描くようにと、いろいろ動かしてください。その動きにつられて、幼児の指が離れないよう、手首が動かないよう注意します（175ページ）。幼児の手が動きに抵抗するようなら、鉛筆を人さし指と親指のつけ根のところに押しつけ、「しっかり持って」と声をかけてやります。

次に、小指側の手首の関節を紙面につけ、鉛筆を押してやり、芯が紙面に届くようにします。しっかり持ちすぎて、鉛筆を押しても動かなければ「動かないから、少しゆるめて」といいます。お母さんはもう一方の手を、幼児の親指と人さし指の上、曲がっている関節にそえておきます。これは三本の指と鉛筆との接点を動かさずに、力を抜かせるためです。関節が動くと、指が鉛筆から離れてしまいます。

芯の先が軽く紙面に触れたら、お母さんは幼児の手首に近い腕を持って、「手を動かしてごらん」と声をかけてやります。すぐ動かすことができれば、小さい丸や短い線を描かせます。

うまく描けないのは、力を入れすぎているか、手首の動き・指の動きが十分できていないからです。前回に説明した「鉛筆の持ち方」に戻って、もっと練習をつんでください。

手首を浮かせて大きく描く

いよいよ、お母さんが手をそえながら、しっかりと線を描く練習です。正しい鉛筆持ちをさせ、描く位置が幼児の腰より下になるようにします。高ければ幼児に立たせたり、立てヒザをさせるとよいでしょう。そうすると、必然的に手首が伸びます。

手のそえ方は、鉛筆に触れないようにして、幼児と同じような手の形で鉛筆を持った手をおおいます。親指を除いた四本指のつけ根の関節と手首を主として動かすような力の入れ方で、「∞」の形を連続して描かせます。鉛筆を動かす向きを変え、七～八回に一回くらいの割でひとりで描かせてください。

横線の一方向描き、往復描きがとぎれないで、リズミカルにできるようになれば、こんどは「8」の字、縦線を描かせます。

はじめは手首を浮かせて、なるべく大きく描かせます。ただし、これは運筆練習ですので、手の持ち方さえ正しければ、ヒジを張っても、手首を動かしすぎてもあまり気に

◈ 運筆

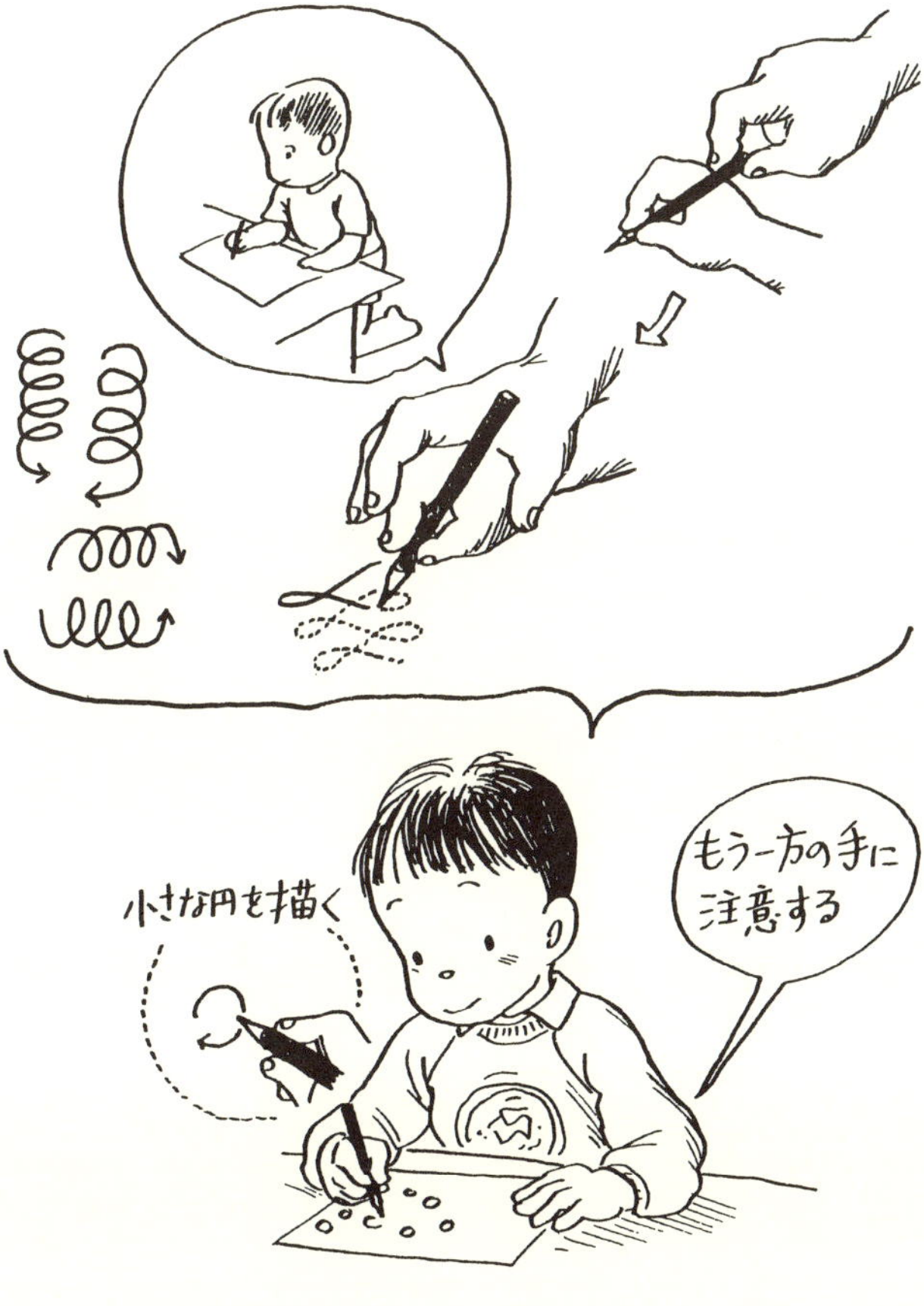

しないことです。この練習がうまくできるようになれば、自然によい手の動きをします。指の位置と、背筋を伸ばすことに注意してください。

お母さんが手をそえなくても、手首を浮かしながらうまく描けるようになれば、小さな円を描かせましょう。小指側の手首に重心を動かして、小さな円を描くのは簡単です。

この運筆の場合も、お母さんが特に注意することは、鉛筆を持たないほうの手です。力を入れすぎたり、ブラブラ遊ばせているのは、よくありません。

手づかいもむつかしくなってきました。お母さんが手をとっておしえる学習時間、大切ですが自習もさせてください。

指遊び

幼児にはちょっとむずかしくてとても楽しい
指遊びを教えてあげましょう。
集中力もつきます。

親指と他の指を合わせ楽しくリズミカルに

幼児は、一つのことに注意を集中しておかなければならない単純な動きの訓練を、なかなか続けてくれません。そこで遊びの要素を取り入れます。指には「対向」とよばれる動きがあります。親指と他の指と合わせることが対向です。この遊びをしましょう。

いろいろな〝三つ〟

自分の年齢を指で示すことができるようになると、親指とくっつけた指以外は伸ばすことができます。たとえば「三つ」を指を伸ばして表現できれば、「三つ」を表す指の組み合わせを工夫させます。「三つ」を表すのにいろいろな指の形があるなァという知恵もつきます。左右の手でやってください。

左右どちらの指も動かせるようにしましょう。

パックン

五本の指先の指紋側に絵を描きます。親指には唇の絵、他の四本の指にはリンゴ、バナナ、花などわかりやすい絵を左右とも同じように描き、「リンゴをパックン食べましょう」「お花にチュッしてあげようね」などと話しかけ、それぞれの指に親指をくっつけます。言葉を変え、あきるほど繰り返します。どの指もしっかり指先同士が合わせられるようになったら、次に移ります。

指のばし

親指と人さし指の先を合わせて、輪をつくります。そして人さし指の関節だけを徐々に伸ばしていきます。人さし指が伸びきったら、親指の先を人さし指のつけ根のほうへ

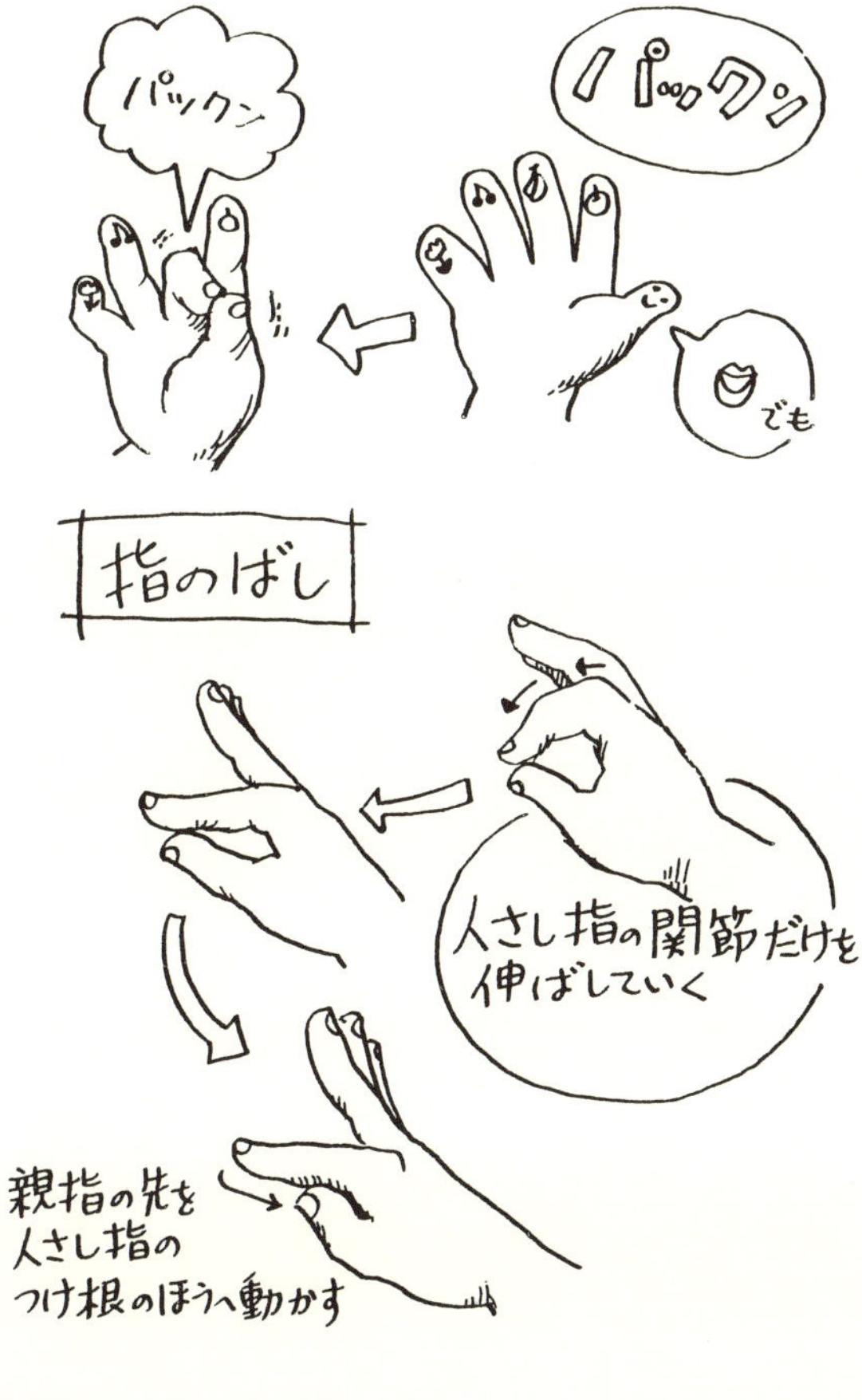
パックン
パックン
でも
指のばし
人さし指の関節だけを
伸ばしていく
親指の先を
人さし指の
つけ根のほうへ動かす

動かします。また、この逆に、親指を人さし指の指先につけるように動かすのと、どちらも試みます。

このようにすると、親指の動きに誘われるように、人さし指の関節が伸びます。親指を他の手で固定すると、やりにくい指も伸ばすことができます。応用として、指先をつけたまま関節を伸ばすと、影絵の〝キツネ〟の指の形になります。

指先そろえ

爪の真ん中にヨコ線を引き、親指の爪にはタテ線を引いて、腕を伸ばした状態で爪をうまく接して線が一直線に見えるように指を動かします。一直線ができると、少し角度をつけるように接して、弧や階段をイメージしながら指先そろえをします。幼児はともかく、一直線につなぐだけでもいいでしょう。

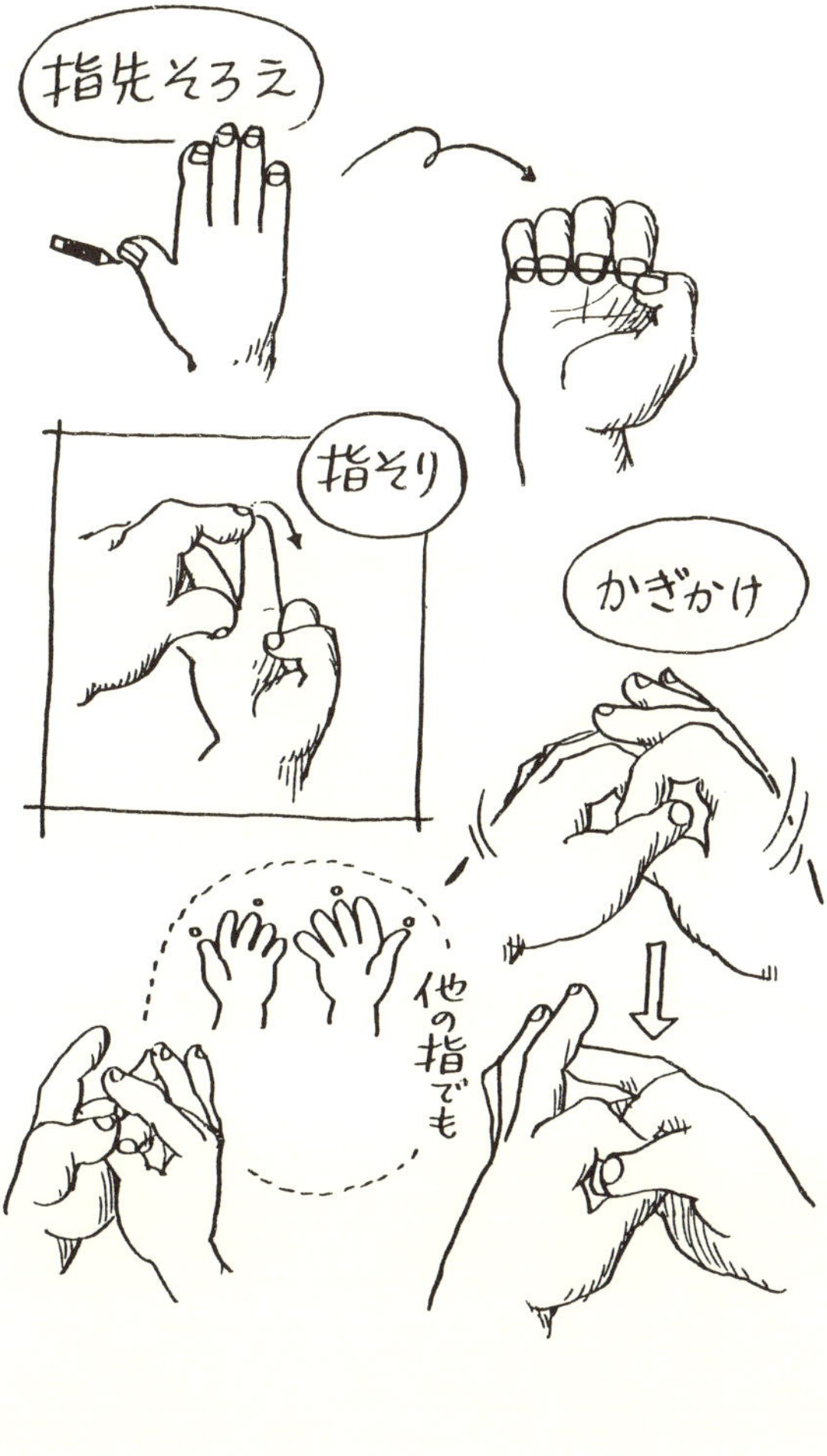
指先そろえ
指そり
かぎかけ
他の指でも

指そり

人さし指を強く曲げ、その上を親指で押さえます。このとき他の三本の指をしっかり伸ばし、他の手で一本ずつ指をそり返らせるように押して伸ばします。また、親指と他の指で輪をつくって、それ以外の指をそらせることもします。

カギかけ

左右の手でそれぞれ親指と人さし指で輪をつくります。その輪をつなぎ、お互いの手首を交互に反対方向にねじって、つなぎ変えます。リズミカルに、だんだんスピードを速くしていきます。他の指でもしてください。「人さし指さんカギかけた」「小指さんカギかけた」と名ざしした指の輪つなぎをします。速くすると一度に二本の指が輪の中に入ったりします。何人かで速さを競うこともできます。
右人さし指と左親指、右親指と左人さし指を、手首をひねりながら交互に合わせていって、エスカレーターのように上へ行ったり、下へ行ったりする遊びもあります。

これら一連の動きは、美しい正しい道具使いにいきています。手をそえて修正しながらくり返して下さい。遊びでなく訓練の要素の強い指づかいです。大体三つの数が分かるようになる頃には、この訓練にたえられます。三年三カ月、六年六カ月とお稽古ごとの事初めといわれています。教わるということを楽しく受けとめるには、ほめ言葉だけでなく、認めてやることが大切です。大きく表現して下さい。

手のしくみ

親指は他の四本のどの指先にも自由にあてられます。
この〝対向運動〟の練習で、
手の器用さに差ができます。

指あてはゆっくり正確に

手には十種類ほどの小さな筋肉があって、微妙な指の動きができるようになっています。五本の指の中で最も細かく自由に動かせるのは親指です。親指は一本だけ独立して動かせますが、他の指は一本だけを自在に動かすのは難しいことです。

親指の基本的な動きには、曲げ、伸ばし、外転・内転、対向の四種類があります。このうち、独立に動かすのに一番大切なのが「対向」です。

対向というのは、親指の先を他の指の先にあてる運動のことです。対向運動のための筋肉は親指と小指にあり、親指と小指を対向させるときはどちらの指もうまく動きます。しかし、親指とそれ以外の指を対向させる場合は、相対的に親指のほうを余計に動かすことになります。

この親指の対向運動を練習するしないが、手の器用さに影響します。前に紹介したような指遊びを繰り返し練習させてください。

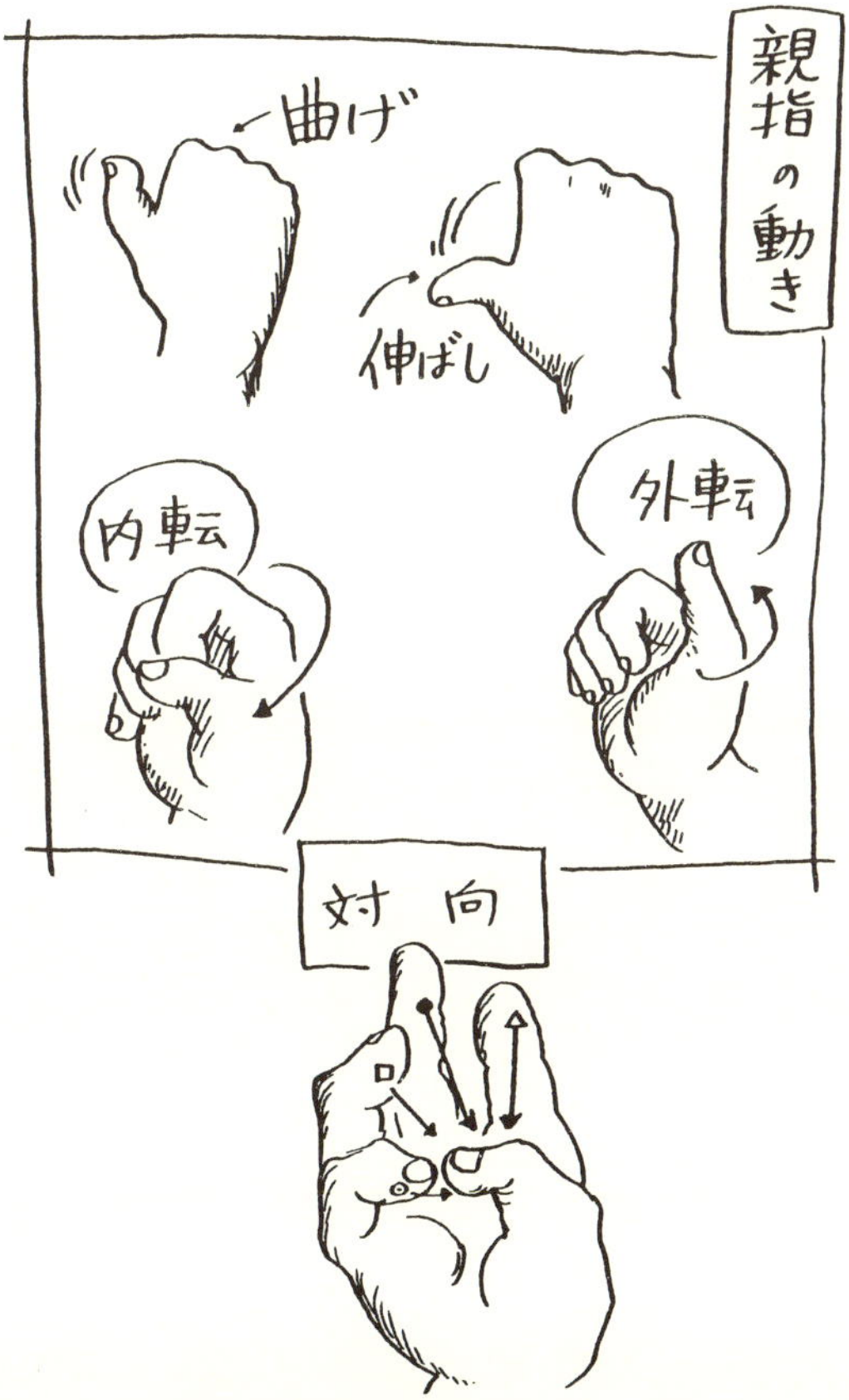

親指の対向運動の練習が、手の
器用さに影響します。

親指以外の指を順に親指にあてられるようになると、力をつける練習も必要になります。対向運動に抵抗するようおもりをつけてするのもよいでしょう。

四本の指を親指に順にあてる運動が、五秒以内にほぼ満足にできるようになるのは、七〜八歳ごろです。

五歳児ではスピードがのろいだけでなく指を注意深く見ながらでないとできません。また、動かしていない手や肩に力が入ります。指をあてる順番を間違えたり、同じ指を続けてしたり、二本同時に親指にあててしまったり、動かしていない指がもつれたりします。ゆっくりと正確にできるよう、他の筋肉に力が入らないように練習させることが大切です。

指あて対向運動のスピードが速くなるには、脳の成熟が必要で、六〜八歳ごろはスピードが速くなる時期です。それより小さな幼児はスピードを増す努力よりも、正確さを優先させるとよいでしょう。

小さな幼児はスピードよりも正
確さを優先させてください。

指の関節と筋肉

親指の関節は他の指の関節よりもよく伸びます。親指の関節も、親指のつけ根の関節も、伸ばすとよくそります。

親指以外の曲げ・伸ばしに関係する筋肉には、四本の指を同時に曲げる筋肉と伸ばす筋肉があります。そのほか、人さし指と小指には独立に曲げる筋肉と伸ばす筋肉があります。だから、中指と薬指の曲げ・伸ばしは制約されるわけです。手を開いた状態で親指だけを曲げるのは簡単ですが、人さし指、小指は少し難しく、中指や薬指だけを曲げるのはなかなかできません。これは、四本の指を伸ばす筋肉が働いてしまい、一本だけの指を曲げる動きに抵抗するためです。

同じことは、手を握った状態から、一本の指だけを伸ばすときにも起こります。中指や薬指だけを完全に伸ばすのは難しいものです。一本ずつの曲げ・伸ばしは、それ以外の指をもう一方の手で押さえながら練習すると、ある程度は独立して動かせるようにな

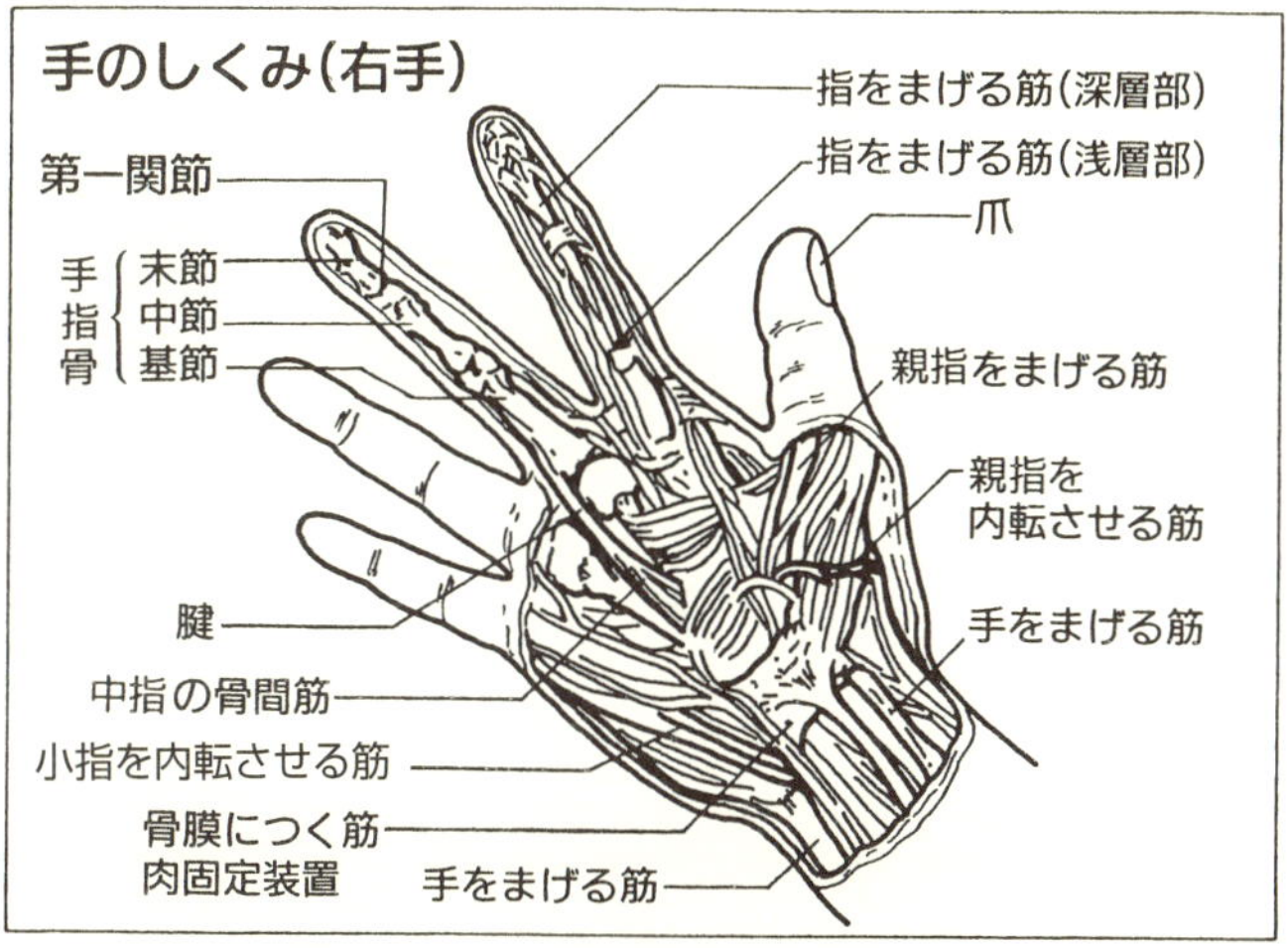

ります。

親指の対向運動は、旧世界ザル（ニホンザルも含まれる）になって初めてできるようになった運動です。しかしニホンザルでも、チンパンジーでも、親指が他の指に比べて短いので、十分な対向運動はできません。この対向運動ができることが、人間と人間以外の霊長類の手の使い方を決定的に違うものにしたのです。

拍手

子どもは音に敏感です。
いろいろなたたき方で音を出してみましょう。
試しているうちに腕の筋肉も鍛えられます。

机にヒジをついて

拍手でうまく音が出ないのは、手のひらの中に形よい空間がつくれないからです。手のひらの形には個人差があるので、たたき方によっても、うまく音が出せる場所が違います。それを見つけるために、いろんな拍手をしてみてください。

左図のように、机に片ヒジをつかせ、その手の手首を後ろへ直角になるように反らせます。手首の内側は、さわると固くなっています。指先は力が入らずフワーッと内側に曲がっています。この緊張した場所を、もう一方の手のひらでたたきます。二つの手の角度が合うように、手のひらが手首にあたるようにたたきます。指先をそろえることができれば、そろえた指の部分で手のひらのへこみをたたくと、また異なった音が出ます。

ヒジを机につくのは、たたく力がヒジを通って机が共振するからです。それで幼児のたたく力の強さを知ります。たたく力が強くなって、音もうまく出るようになれば、ヒジを机から離して同じフォームで拍手します。最初は片手打ちでもかまいません。

机の共振で
たたく力の
強さがわかる
直角

胸の前でたたく

左の上の図のように、胸の前で両手を広げて合わせます。親指を胸に軽くつけ、ヒジをまっすぐ横に張り出し、手を互いに押しつけて、手首のところが離れそうになる位置で合掌します。

次に胸についている親指を、手首を四十五度ひねるようにして前へ離します。そして合掌したままヒジをゆっくり脇につけると、手のひらは自然に離れます。

このとき手首は動かさず、もう一度、合掌する手つきに戻すようにしてたたきます。指は合わなくてもかまいません。手のひらのくぼみ同士が合わない場合は、四十五度ほど両手の角度をずらしてたたきます。

左ページの下の図のようなたたき方は、幼児にはまだ難しいかもしれません。指をそろえ、手のひらをくぼませてたたく拍手で、よい音が出ますが、強い力がいります。手首同士をあまり離さず、指のつけ根の関節の曲げ・伸ばしでたたきます。

胸の前でたたく

ヒジはまっすぐ横に張り出します。ヒジが下がってしまわないようにしてください。

ここで、お母さんの練習です。

口のそばで、この手の形で小さく早くたたきながら、空気を口に送り込むと、ポンポンと面白い音がします。幼児はとても喜びます。

親指以外の四本の指をそろえ、親指は人さし指との角度が九〇度になるほど広げてください。まず片手はしっかり反ります。もう一方の手は少し曲げ気味にして、たたきます。反ったほうの手は、たたかれると同時に握手するように握ります。うまく音が出るようになれば、両手を同じように少し曲げ、手のひらのくぼみ同士を強くたたき合わせます。

これらの拍手は、まずお母さんが練習して音色を変えられるようにしてから、教えてください。幼児に音を出すことに興味を持たせて、筋肉を鍛えるために拍手をさせるのです。たたいて空気を押し出すことをどれかで体得すれば、それをきっかけに、どの方法でもうまく音を出せるようになります。

お風呂

アワ立てからお湯くみまで、お風呂は自分の体や体の動かし方を覚えるチャンスがいっぱいです。子どもに背中を洗ってもらいましょう。

まず細かいアワ立てを覚える

しっかり立って歩けるようになると、幼児はいろんな動きをします。手先だけではなく、全身の動きも合わせて、手の動きをよりスムーズにできるようにします。お風呂場で入浴中にさせる動きを紹介しましょう。

幼児は大人のまねをして自分で体を洗いたがりますが、まず、手の洗い方を教えてください。

ぬれた手にせっけんを握らせます。せっけんが軟らかい場合は片手だけにして、あまり多くつきすぎないようにします。そして、わずかについたせっけんを、手を握ったり両手をこすりあわせたりして、細かいアワを出させるようにします。湯をつけすぎてアワが大きくなったり消えたりしたら、手をすすいではじめからやりなおします。アワ立ちに合わせた手の動きがないと、アワはうまく立ちません。

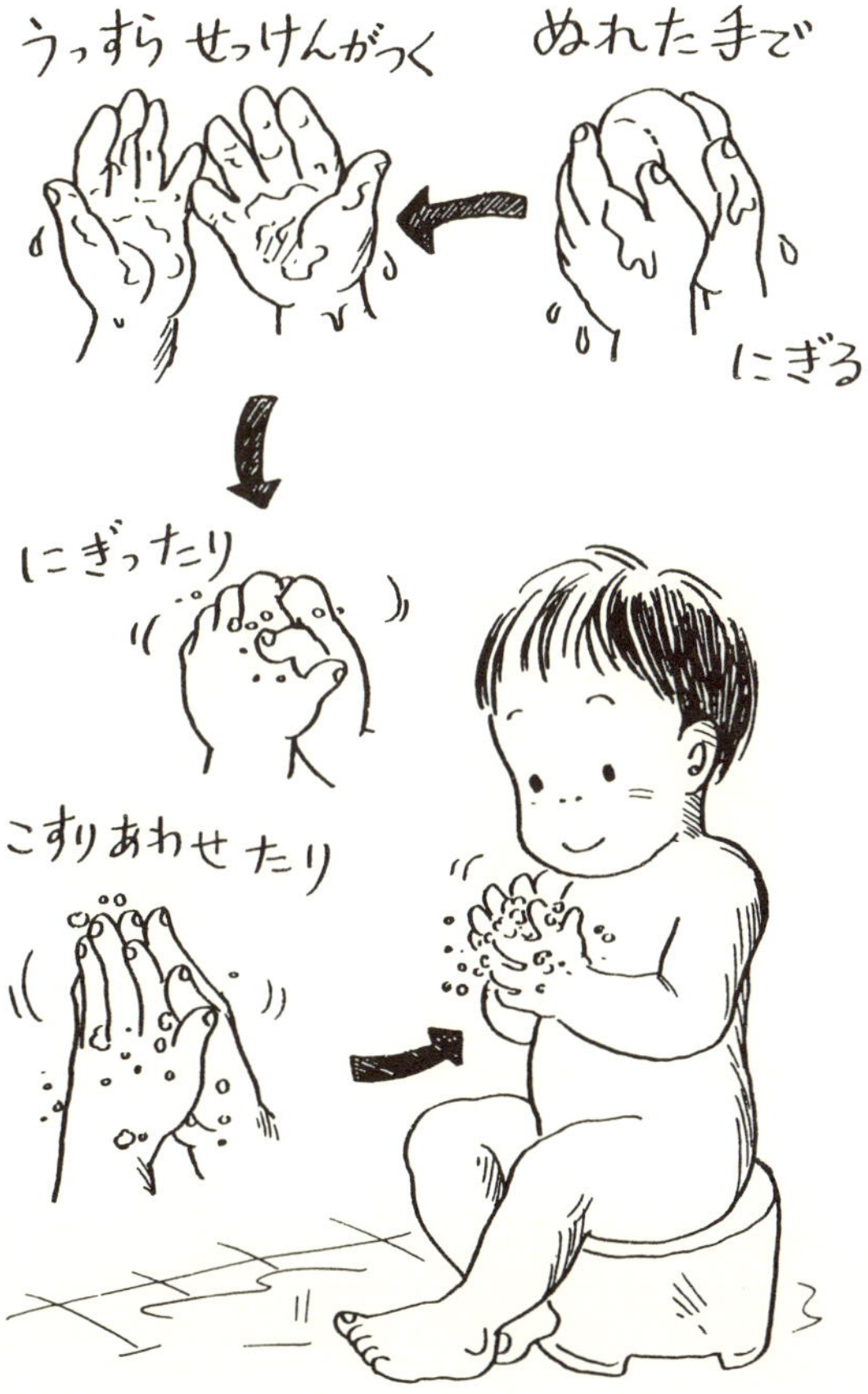
ぬれた手で
にぎる
うっすら せっけんがつく
にぎったり
こすりあわせたり

手ざわりで力のかけ方を知る

指の間も、両手の指を組み合わせてよく洗います。手首も、もう一方の手で握るようにして洗います。手が洗えたら、せっけんを流し、薬指を耳の穴に入れてクルクルと動かせます。

次に、おへそを洗いましょう。再びせっけんをアワ立たせて、そのアワをおへその穴に入れさせます。「たくさん入ったかな?」と、そのアワの中に指を入れさせて、「クルッ、クルッ」と声をかけながら、それに合わせて指を動かすように仕向けてください。

これは、へそのゴマを取るのが目的ではなく、体の表面の皮膚の状態に合わせて洗えるよう、触覚を通して力のかけ方を覚えさせるためのものです。お母さんがよく見て、強すぎたら注意します。強すぎた場合、軽い炎症が起こることがありますが、手当てをして、「強くこすったからよ。もっともっとそろっとね」といえば、次からは自分で注意して洗おうとします。

手を洗う
耳を洗う
おへそ洗い

性器、とくにおしりの穴は人さし指の指先でよく洗わせます。自分の排便する局所がどうなっているかを知れば、排便後のふき方もちゃんとできるようになります。

おしりを洗うときは、おしりの割れ目にそって、うしろから手をまわして洗わせます。これは、おしりを自分で上手にふけるようになるための準備運動です。特に肥満でないかぎり、胸をそるだけでおしりの穴に手が届きます。横からふくと上体が前かがみになり、よごれを前に移す危険があるので、女子は注意しなければなりません。

口の中も洗いましょう。せっけんをすすいだ親指と人さし指を広げ、上下の歯ぐきにそって奥まで入れます。そして、つまみ出すように指を動かし、歯ぐきマッサージをすると、歯がはえる前の歯みがきにもなります。

汚れた手足や体は、親が愛情をこめて洗ってやります。タオルを使って体を洗いたがれば、力をこめて洗えるかどうか、うまく洗えるかどうか、親の大きな背中を練習台にします。

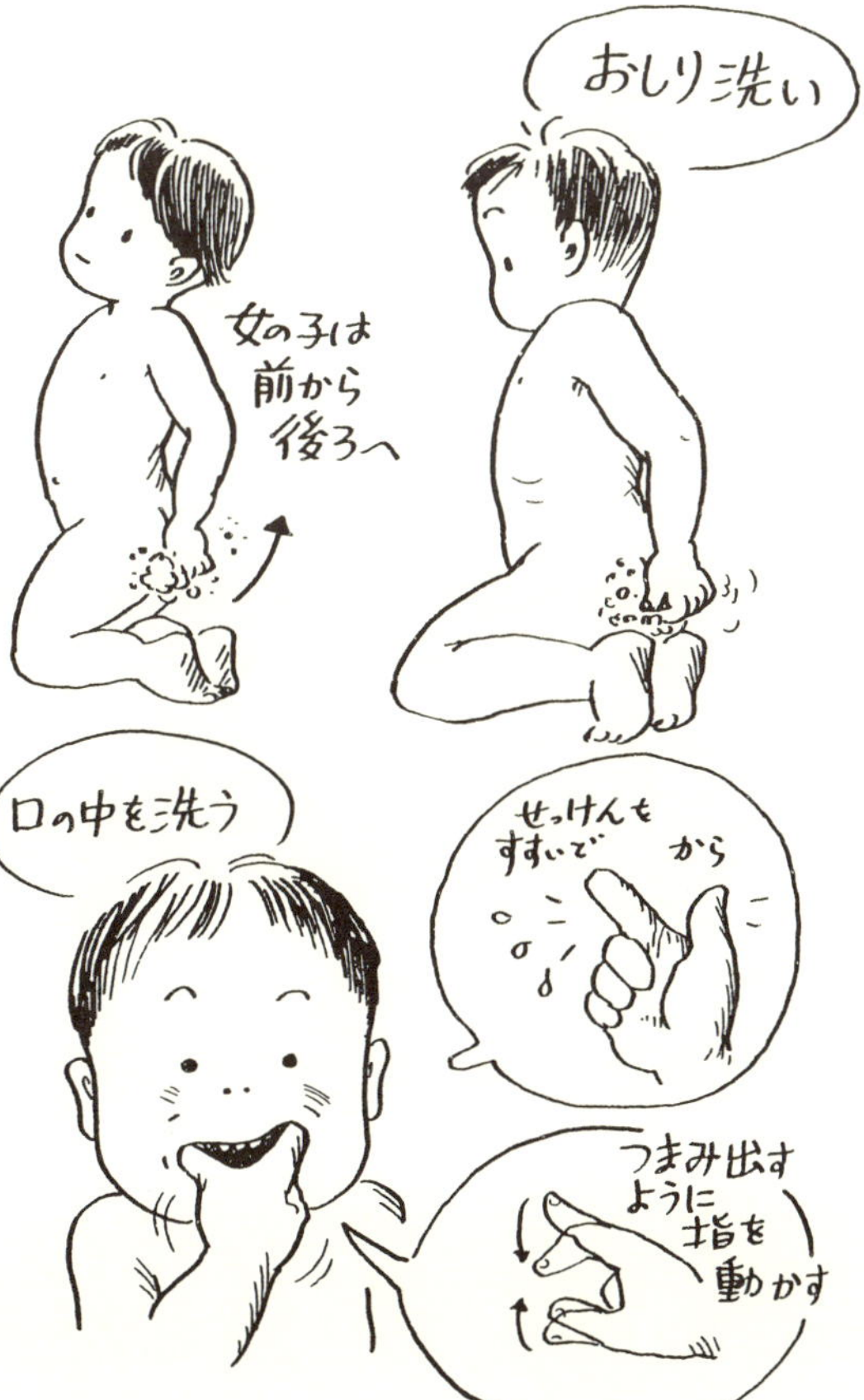
おしり洗い
女の子は
前から
後ろへ
口の中を洗う
せっけんも
すすいで
から
つまみ出す
ように
指を
動かす

親の背中をまあーるく洗う

幼児に背中を洗ってもらうのは、成長ぶりがうれしいものです。片手を肩に置き、もう一方の手で洗わせるとよいでしょう。腰、肩、ヒジ、手首にいろいろな動きをさせないと、親の大きな背中は洗えません。幼児は足までしっかり構えておかないと洗えないのです。姿勢を変えると力を手先に集中することが難しいので、同じところばかりこすります。「もっと上」「気持ちいいなあ、そこをもっと」とか「足を広げてごらん」と姿勢を変えると洗える場所が変わることを教えます。

洗う力が弱いときは肩に置いたほうの手をトントンとたたいて、「こっちの手にも力を入れて」といってください。洗っている手だけに力を入れて動かすより、両手一緒に力を入れるほうがやさしいのです。

片手だけではなく、左右交互にタオルを持たせて洗わせます。左右で力の入れ方に差がないかチェックし、弱いほうの手は「もう少し力を入れて」と回数を多くさせます。

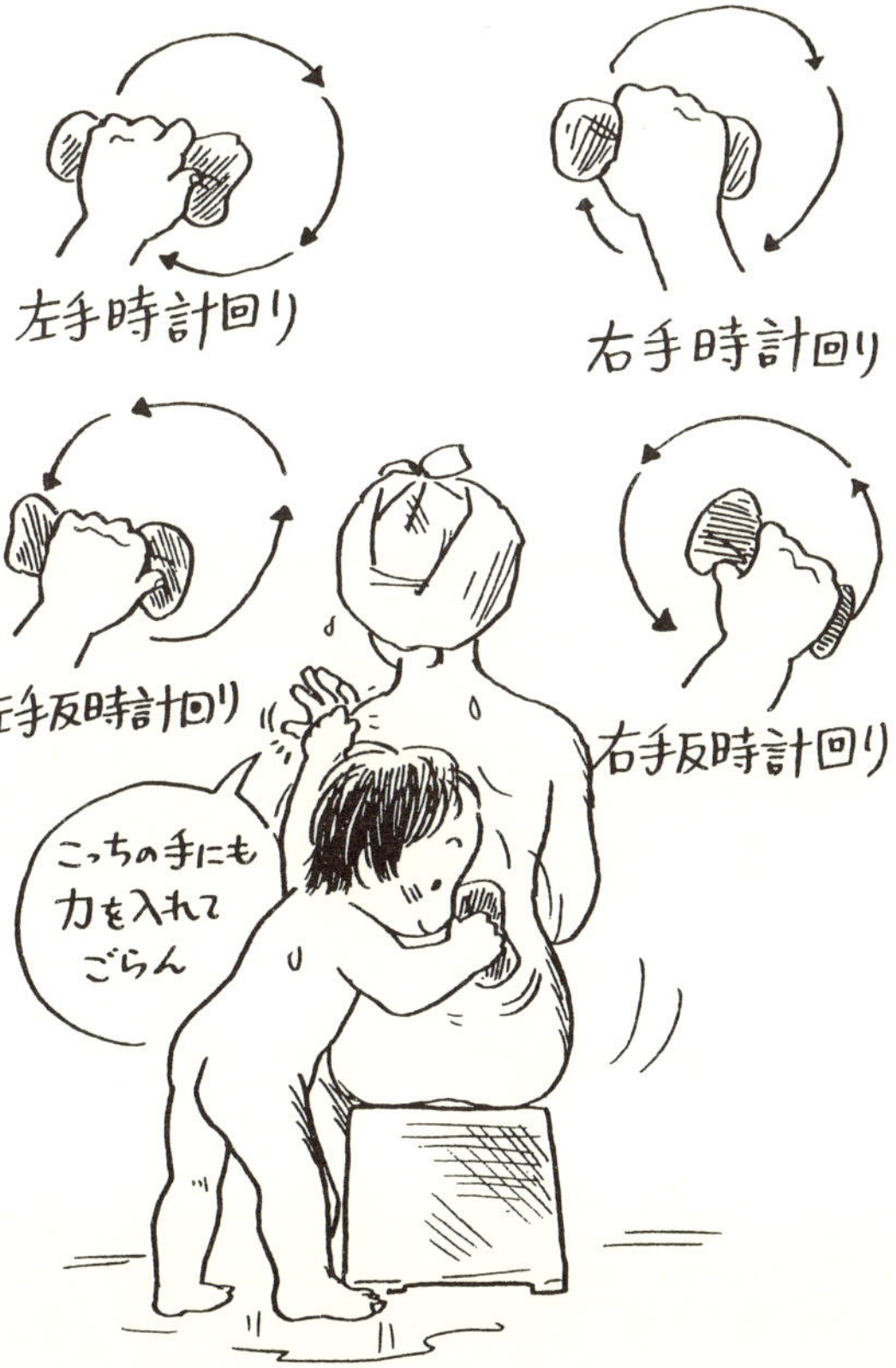
左手時計回り
右手時計回り
左手反時計回り
右手反時計回り
こっちの手にも力を入れてごらん

かならずしも利き手がうまく動き、力も強いとはかぎりません。

背中に円を描いて洗わせてみましょう。力を入れさせなくてもよく、同じ力の入れ方で円を描いているかどうかを見ます。右手は時計まわり、左手は反時計まわりにするだけでなく、その逆まわりもできるようにしておきます。

湯おけ

湯おけは軽いプラスチック製のものがよいでしょう。右手はおけのふちにかけ、左手は底に指をつけて親指だけをふちにそえる持ち方を教えます。そして右ヒジを上げて左側に流させます。あるいは左右の手を逆にして右側に流すようにします。

湯をくむとき、片手は湯ぶねのふちをつかませます。もう一方の手で湯おけを持ち、湯をいっぱいに入れて片手で持ち上げさせます。片手を湯おけのふちにかけて持っているだけですから、持ち上げるにしたがって湯がこぼれていきますが、持った湯の量を見てください。片手でコップ一杯分くらいの湯をすくえる手首の力があれば、湯おけに半

水のあるところは危険がつきもの。親の目のあるうちに、正しく教えてください。

分くらいの湯は両手で持つことができます。

くみ方は、湯ぶねに斜めに突っ込んだ湯おけにもう一方の手を添えて、湯おけを水平にさせます。このとき足は床にヒザをつかせ、上体を湯ぶねのふちに押しつけるようにしておきます。水平にした湯おけを持ち上げて湯ぶねのふちにバランスをとって乗せ、おけに手をそえたままヒザを立てます。そして腰を伸ばしながら湯おけを持ち上げ、背中を流してもらいます。

湯おけはどちらかの手で主として持ち、もう一方の手を添えるようにします。湯おけを持っていて、とっさの事態に対処するのは、添えたほうの手です。両手が同じような力を出せても、それぞれの働き方を変えることが手の分業として大切です。

水のあるところの作業は危険がつきものです。親が見ているときから正しく教えてください。

は
どちらかの手で
主として持ち
もう一方の手を添える

マムシ指

カマ首をもたげたマムシに似た手の姿勢です。
マムシ指ができる人は手が器用だといわれます。
大人より子どもの方がうまいようです。

第一関節だけ曲げる

「〝マムシ指〟ができる人は手が器用だ」とよくいわれます。マムシ指とは、手にしっかり力を入れて伸ばし、指先の第一関節だけを強く曲げつづけられる手の姿勢です。ちょうどマムシがカマ首をもたげている状態に似ていることから、そう呼ばれるのでしょう。

マムシ指は指先に力を集中させ、関係する筋肉に等しく力を入れないと他の関節が持ちこたえられず、ガクガク折れるように力が抜けてしまいます。ふだんから正しい指づかいを数多く繰り返し、指先に力点を置く指づかいが身につくとできるようになります。

成人してからだと簡単ではありませんが、幼児ではちょっと手を添えてやるだけで、一つの関節を直角に曲げ、その他の関節を伸ばすことができるようになります。

まず、軽く指先を持ってやり、「ここ（指先）に力を入れて」と命じます。力の入れ方がわからない場合は、ヒジを体の脇に押しつけさせ、口を閉じ、お腹に力を入れて、

マムシ指
親指のマムシは
難しいですよ。つけ根にくぼみができます。

大人には難しいマムシ指も、幼児はちょっとした手助けで、できるようになります。

鼻から「ウーン」と声を出させ、腹圧をかけてきばらせます。そのとき、お母さんが持っている幼児の指先を、曲がる方向へ強く押してやることです。

幼児の関節のでき方は大人と少し違っていますから、ときどきこの手助けをして、軽く手の運動をするつもりでさせてください。しかし、マムシ指ができればかならず器用になるというのではありません。手をうまく使える人はマムシ指ができるということです。

ビニール袋や鉛筆で力をつける

次に、マムシ指の力をつける練習です。ビニール袋を一〜一・五センチ幅に切って輪をつくり、これを左右の手の指の関節と関節の間にかけて、両手で引っぱります。力を入れて引っぱり合うので、ちぎれることもあります。幅の太いのや細いのなど、何本まで一緒にちぎれるか、どんな幅までちぎれるか、ビニール袋とハサミさえあればできる指の力だめし遊びです。

◈ マムシ指

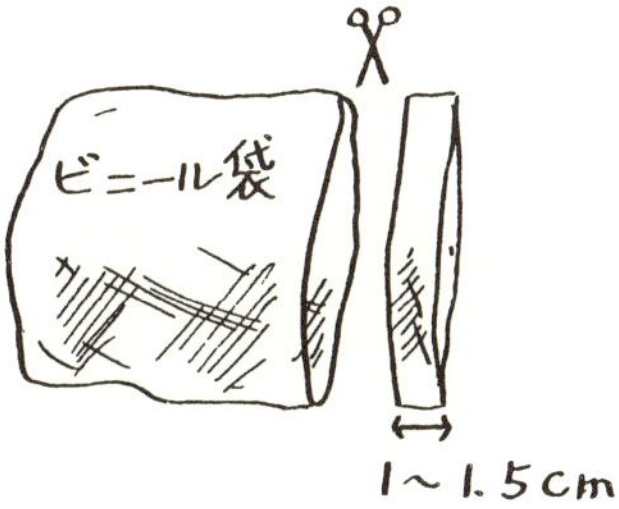

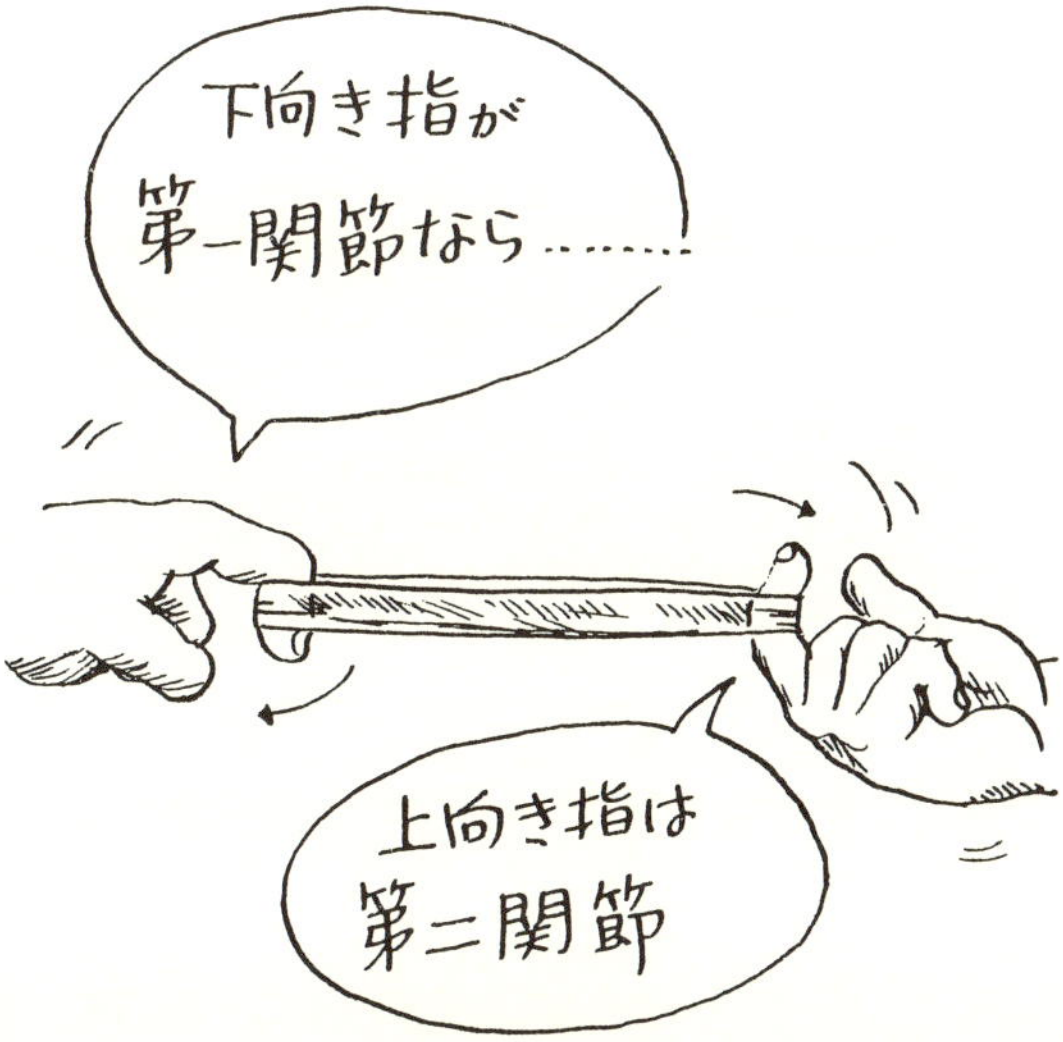

ビニールの幅や本数をいろいろかえて、あそんでみましょう。

引っぱるときの指の姿勢は前ページのイラストのように、下向き指と上向き指とで強くする関節を変えるようにしてください。第二関節をかけると、第一関節まで曲がります。俗にいう〝ドロボウ指〟の形になりますが、ときどき第一関節を伸ばしてやってください。指が伸びるとビニールが抜けやすいので、下向き指は第一関節にかけるとよいでしょう。

親指のマムシ指は、親指が人さし指から離れた状態で伸びて、第一関節を曲げるのではダメです。人さし指にピッタリつけた親指の第一関節を強く曲げます。このとき親指のつけ根の関節は反対の方向に伸びなければなりません。つけ根のあたりにエクボのようなへこみができれば、つけ根の関節は伸びています。

マムシ指にしたときの関節の曲がりだけを利用して、鉛筆の削っていない先をはさむのもいい練習です。マムシ指の関節の曲がりを強化してやると、はさんだ鉛筆を好みのところで力を抜いて紙の上に落下させ、鉛筆のシンで印のついたあとを線で結ぶ〝陣とりゲーム〟などもできます。

手のそり

机や消しゴムを使った遊びをします。
動きの柔かい子供の方が、
ママよりも上手かもしれませんよ。

机で手をそらす

指をぴったりそろえて、よくそった日本舞踊家の手は、体の動きを強調してくれます。名手の手のそりは、余裕のある柔らかさがありながら、鋭い角度があります。指のつけ根の関節など手の甲と直角近くなって、手の動きを大きく見せてくれます。長年の練習のたまものです。

さて、手のそりの練習です。

まず、机の上に手のひらをぴったりつけます。次に手首を徐々に浮かし、指の部分はつけたまま、手のひらを机から離します。こうすると手の甲、指が強くそり返ります。もし、手のそりの角度があまり変わらないようなら、手首も外へそらせるとよいでしょう。そして手首を曲げず、指先で机を押してバウンドさせます。

また、その反対に手首を内に曲げます。指はつけ根の関節だけを曲げ、ちょうど指と腕が平行になるようにします。これは一度にできないので、何度も練習してください。

◈ 手のそり

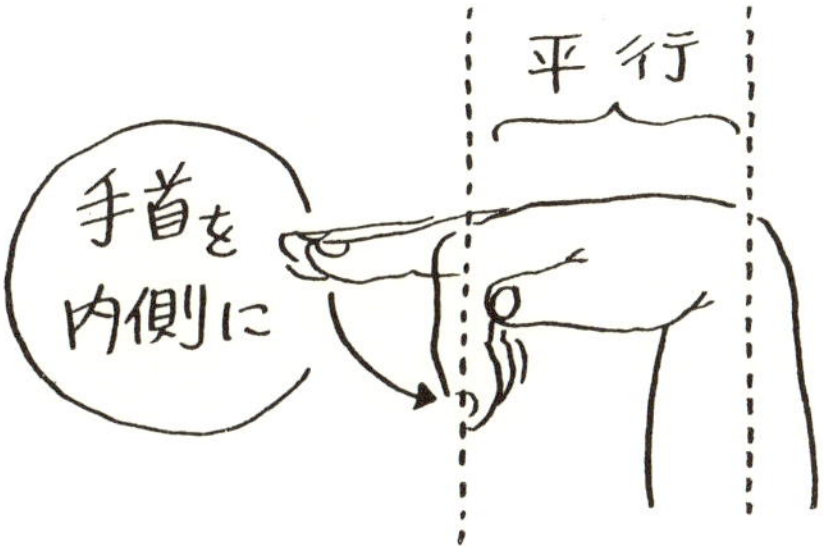

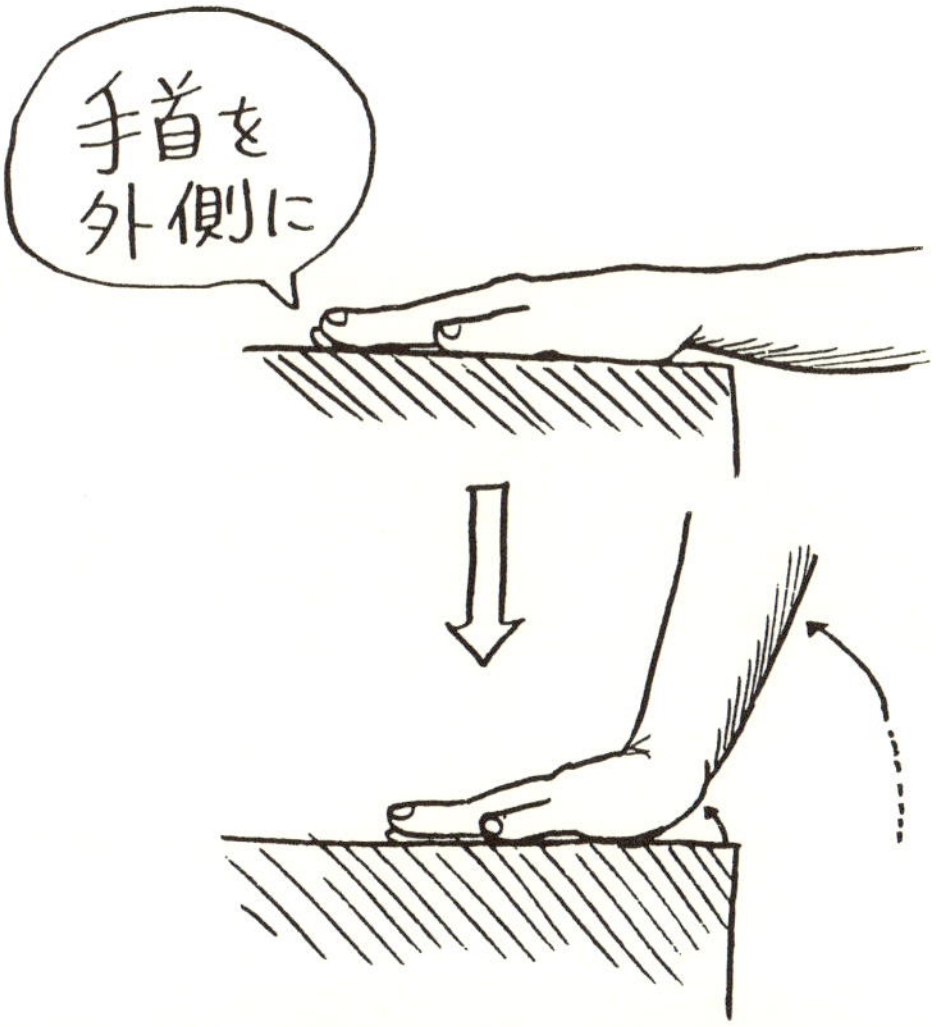

余裕のある柔らかさは手の動きを大きく見せ、表現力を高めます。

指から指へ消しゴムリレー

消しゴムを指の幅一本半の長さの長方体に切りそろえます。手のひらを下に向け、その消しゴムを小指の上に置いて、小指を広げたり、寄せたり、曲げたりして薬指のほうに動かします。指から指へ、消しゴムのリレーです。

手品師がコインをクルクル動かすのとよく似ていますが、消しゴムはすべりが悪く、ゆっくり動かしても落ちないので、子供には向いています。子供の手に合うようカットして、厚さや重さを変えてください。

これができたら、コインに挑戦です。手の甲に直径二センチくらいの円を描き、指先にコインを置いて、手の甲をそらして、うまくその円の中にコインをすべりこませる遊びです。

さらに、クルッとコインを一回転させて円の上にのせるのは、瞬間的に力を入れ手のそりをつくらなくてはならないので〝ウルトラＣ〟の技といえますが、幼児にも不可能

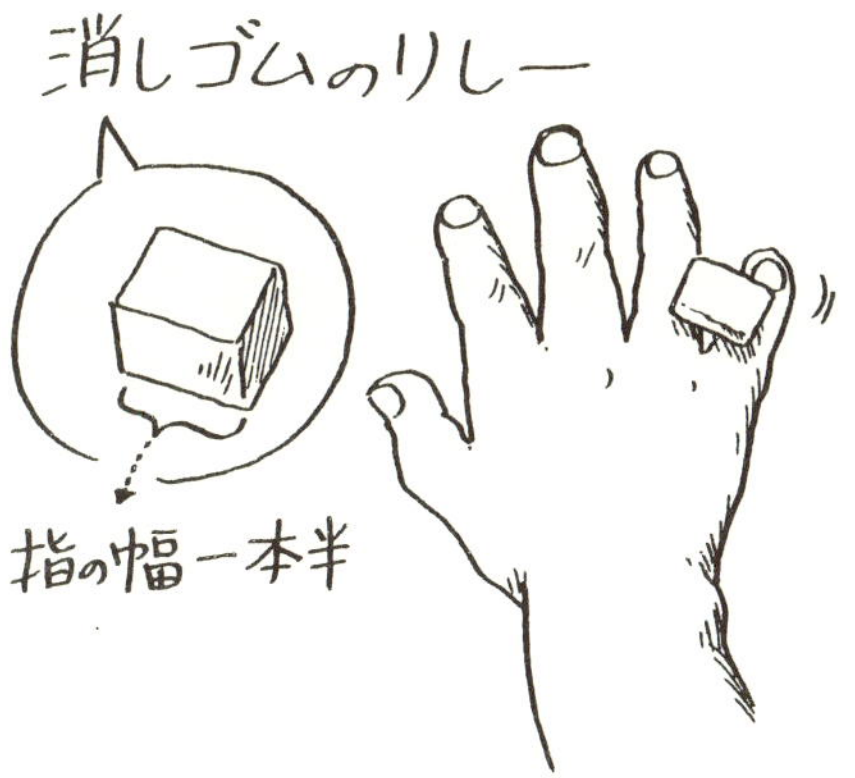

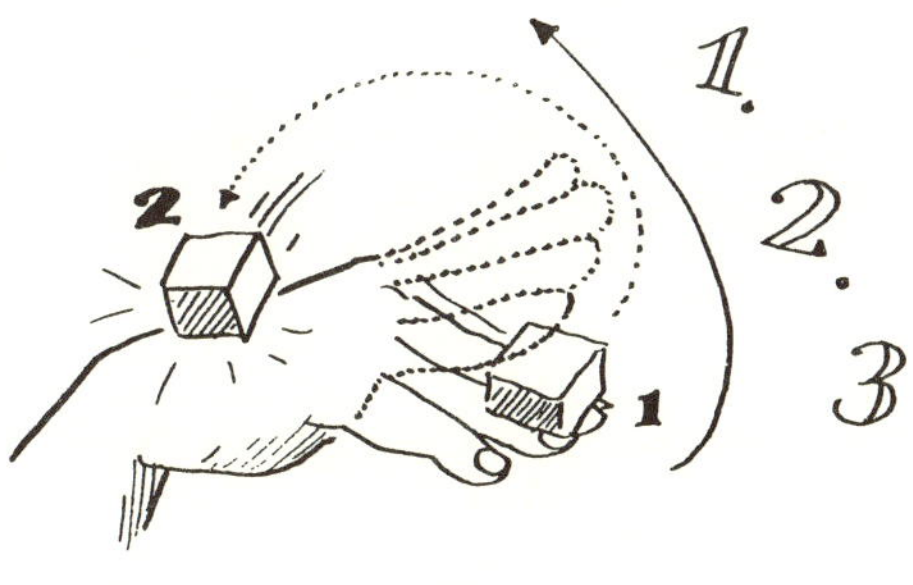

消しゴムリレーができたら“ウルトラC”にも挑戦してみてください。

ではありません。ちょっとしたコツをのみこめば、手のそりをつくりやすい幼児のほうがうまいようです。

重いコインがよいのですが、あまり重すぎると手のそりが弱くなって、そりつづけられません。そのときは消しゴムの重さを調節して与えます。

幼児がしっかり指をそろえて、手の甲を上にしてそらせているとき、お母さんは幼児の手首に近い腕を人さし指と中指の二本ではずむようにたたきます。消しゴムがコロンと甲に落ちるように、幼児が感じをつかみとるまで、一緒に遊んでください。

手の甲を上にして、指をそろえて少し曲げます。中指の爪に消しゴムの重心が当たるようにのせます。そして「一、二、三」という合図でヒョイと手をそらせると、消しゴムは回転して甲に落ちます。少し大きく重い感じの消しゴムだとうまくいきます。

手をしっかりそり、指を広げ、靴下などを丸めてお手玉がわりに手の甲でつくのも、この応用です。いろいろ工夫しながら、一緒に手づかい遊びをしてください。お母さんの手の動きもよくなります。

歯磨き

歯磨きの習慣は乳歯がはえそろう前からつけてあげてください。歯磨きは楽しくて気分のよいものということを知ってもらいましょう。

人さし指の感覚を利用

歯磨きの習慣は早い時期につけることができます。乳歯がはえだすころから、お母さんが毎日、磨いてやることからはじめます。乳歯のはえるころは歯ぐきがむずかゆいので、歯ぐきマッサージを喜びます。乳歯がはえそろい、手もうまく動かせるようになってから歯磨きの習慣をつけようとしても、なかなかできません。

歯ぐきの血行をよくするマッサージを、赤ちゃんの口を開けさせて、語りかけながらしてあげてください。

歯ブラシは指先で持ちます。指先の感覚は、とくに人さし指が鋭いので、これを利用して歯ブラシが歯にうまく触れているかを探りながら磨くわけです。

幼児が持ちたがれば、持たせてやってください。しかし、幼児ははじめから指先持ちができるとはかぎりません。グリップハンド（握り持ち）しかできない時期をなるべく短くするため、同じグリップハンドでも手のひらをベッタリと歯ブラシの柄に触れるの

歯ブラシはあまり強く持たせないようにしてください。

ではなく、幼児の小指側からお母さんの指を一、二本入れ、すきまをつくって持たせるようにします。

歯ブラシの柄を三本の指でつまみ持ちすると、歯ブラシをクルクルと動かすことができます。外側に、内側に、何回か回転させます。このとき歯ブラシの柄がぐらつかないよう注意します。軽くリズムをとって、それに合わせて動かせるようにしてから、歯に歯ブラシを当てさせます。あまり力を入れないように、「お口の中で歯ブラシをグルグル動かしてごらん」とうながします。

歯ブラシは強く持つとうまくまわらないばかりか、小さな口の中では歯や唇などに当たってしまいます。お母さんが実際に自分の歯磨きの仕方を、よく見せてやることです。そのためにも歯磨き剤をつけないで磨くほうが、幼児には歯ブラシの動きがよく見えます。幼児に、まず歯ブラシをうまく動かせるようになってもらうのです。

力をコントロールして磨く

歯ブラシを効果的に動かすためには、うまく力をコントロールできる持ち方、つまり指先持ちがよいのです。グリップハンドでもペングリップ（鉛筆持ち）でも、人さし指、中指、親指の三本指を主にして持ちます。現在市販されている歯ブラシは、大人にとって少し短いようです。柄の重心の位置に人さし指が当たるくらいの長さだと、動きが楽です。

強い力だけでなく、弱く軽い力で繰り返し歯を磨くと、歯垢《しこう》がよくとれます。手首のひねり、手の向きを変え、くまなく磨きます。これは大人でもそうです。赤ちゃんの前歯、門歯のはえる時期は歯と歯の間にすきまがあり、いちばん楽に磨けますから、このときに歯の表、裏、横を丁寧に磨くことを身につけてもらいます。

歯ブラシに何もつけなければ、口をすすぐ必要もなく、つばを飲み込めばよいわけです。うがいをして歯磨き剤をすっかりすすぐのは難しいのです。うがいは外出から帰ったときなどに、独立して教えるほうがよいでしょう。

歯磨きなどの生活習慣は、母子で時間を決めて、一緒にしながら身につけます。歯磨きをしなくてはならない理屈を教えて、磨かせるのではありません。歯ブラシをうまく扱え、歯磨きが楽しく、気分のよいものであることを覚えてもらうのです。

お母さんが
やって見せる
ハミガキ
を使わないほうが手の動きがよく見える

すくう

洗顔、水飲み、泥だんご。
手で器をつくったりそれを応用する動きは
まだまだ日常にたくさんあります。

指先を重ねてこぼさぬように

指をそろえて、すきまなく曲げられれば、手のひらに水をためることができます。このとき、手のすべての関節を曲げて球体を包み込むような形にへこませると、最も多量の水がたまります。

生米をすくうことをお手伝いさせましょう。大きな容器に米を入れ、手ですくわせ、小さなボウルなどにこぼさないように移させます。最初は片手でボウルを持たせたまま、もう一方の手で片手すくいをさせてください。

曲げた人さし指を支えるように、親指を人さし指の甲側にかけます。こうすると深いくぼみができますので、そこに米を入れるよう教え、手首の動きを使って米の出し入れをさせます。

また、湯舟やタライに発砲スチロールなどを細かくちぎって入れ、水と一緒にすくいとらせる遊びもあります。すくった水の量、スチロール片の数を競うのもいいでしょう。

生米や、水に浮かせた発泡スチロールを使って片手すくいのゲームをしてください。

左右の片手すくいが上手にできれば、両手すくいはできるようになります。

両手すくいで、小指の側面同士をピッタリ合わせることは誰でも考えつきますが、薬指の位置に気をつけてください。左右の薬指の先を小指の甲側に少しまわし、薬指同士をつけるように教えれば、人さし指にかかった親指の力と合わさって、指の間のすきまがなくなります。

やせていて、どうしてもすきまができる場合は、中指をうしろに下げ、人さし指と薬指の先同士を合わせるようにして調整します。

手の器の応用

両手すくいができれば、水をすくって飲むことができます。多くすくうのが目的ではありません。液体をこぼさないでおくには、同じ手の形を保つこと、同じ力を出しつづけることが大切です。

そろえた指先を互いに少しずつ重ねるようにして手のひらをへこませ、全体をしっか

薬指の先同志を
つける
両手すくい
発泡スチロールの
小片

りくっつけ、「ここに力を入れてごらん」と指先を触ってやるとよいでしょう。すくえる量はともかくとして、こぼれにくいへこみをつくり、その形を保てるように教えます。しっかりとした〝手の器〟をつくって、その形を維持できる手は、器用な手の要素がいくつか必要です。それぞれの手の筋肉に釣り合いのとれた力の入れ方をしないと、どこかにすきまができてしまいます。

顔を洗う、体の一部をおおう――など、すきまなく指をくっつけて一定の空間をつくる必要のある行動は、生活の中にいろいろとあります。

手にへこみをつくることは、泥ダンゴづくりにも欠かせません。両手の手のひらだけのへこみでつくるボール。大きなものは指の曲げ方も大きくかかわってきます。すくうときと同じような手の形で、左右の手を交差するように組みますが、違うのは、互いの手を合わせてものを包み込んで、押し合う力が加わることです。

手や指に平均して力を入れ、力を抜いたときに手首の動きを利用して、手の中のものを少しずつ動かしてまんべんなく押しつけながら、泥ダンゴやおにぎりなどをつくるのです。これも、手で球体を包み込むようなへこみをつくることの応用です。

タマゴ割り

微妙な手の動きが組み合わさったタマゴ割り。
人間らしい繊細な手、指に役立つ家事です。
台所の手伝いをしてもらいましょう。

失敗にもくじけずに

クリスマスのケーキづくりや、お正月のおせち料理などタマゴをたくさん使うような機会があれば、お手伝いも兼ねて〝タマゴ割り〟をさせてください。ハシづかいができるようなら、タマゴ割りはできます。

まず、タマゴを縦に持ちます。人さし指・中指と親指ではさむように持ってから、タマゴの球体に軽く手のひらを添えさせます。小バチのふちにタマゴの真ん中あたりを一気に打ちつけて割ります。このときの力が弱いと、ヒビが入るだけで、二度打ちをしなければならなくなります。また、力が強すぎると、黄身をつぶしたり、白身のぬめりを気味悪がって、いやがったりします。

タマゴをつぶしてしまっても、「もう一度しっかり割ってごらん。手が汚れても、すぐふけばいいのよ」と励ましてやらせます。つぶしてしまったからといって、そのままやめさせると失敗を記憶して、次にするときにはビクビクと力弱く割って成功しません。

三点持ち
軽く
手のひらを
添えて
②
①
手首の動きに注意してやる
②
★

どうしても力を強く入れすぎる場合には、両ヒジを体の脇にピッタリつけ、タマゴを持った手のヒジを、もう一方の手でしっかり持たせます。そして小バチのふちにタマゴをあてます。手首だけを手の甲側に大きく伸ばし、小バチのふちから離し、勢いよく振りおろすように打ちつけます。手首の曲げ・伸ばしで力を調節するのです。最初の一個から成功することもありますが、何個も練習させてください。

タマゴにひびが入ったら割れ目を自分のほうへ向け、手首を曲げながら割れ目を広げて中身を下へ落とします。これは手首の曲げと、親指側か小指側に回転するという二つの動きを同時にする複雑な動きです。

手の動きに役立つ家事

タマゴ割りだけでなく、手の動きをよくするための訓練に利用できるものは家事の中にいろいろあります。ゆでタマゴなど、中身を傷つけずカラを残さずむくには、細かいひび割れをカラ一面につけてから薄皮と一緒にむくほうが美しくむけます。中身の弾性をさぐりながらカラだけを細かく割るのは、指の力の調節を感覚でおぼえるのによいでしょう。

すりこぎでゴマをあたる動きなど、手の指だけでなく肩まで使う、とても大事な動きです。書道で墨をすったり、毛糸のクルクル巻きなど手首がだるくなるほど同じ動きをすることは、幼児の生活の中から消えてしまっています。基本的な指・手づかいの遊びを幼児期にしっかり取り入れてやらないと、「昔の日本人は器用だったのに」といわれるようになってしまいます。

◈ タマゴ割り

豆の皮やすじを取る、コンニャクをちぎる、玉ねぎの皮をむく――など、幼児にどん

手の動きに役立つ家事①

手の動きに役立つ家事②

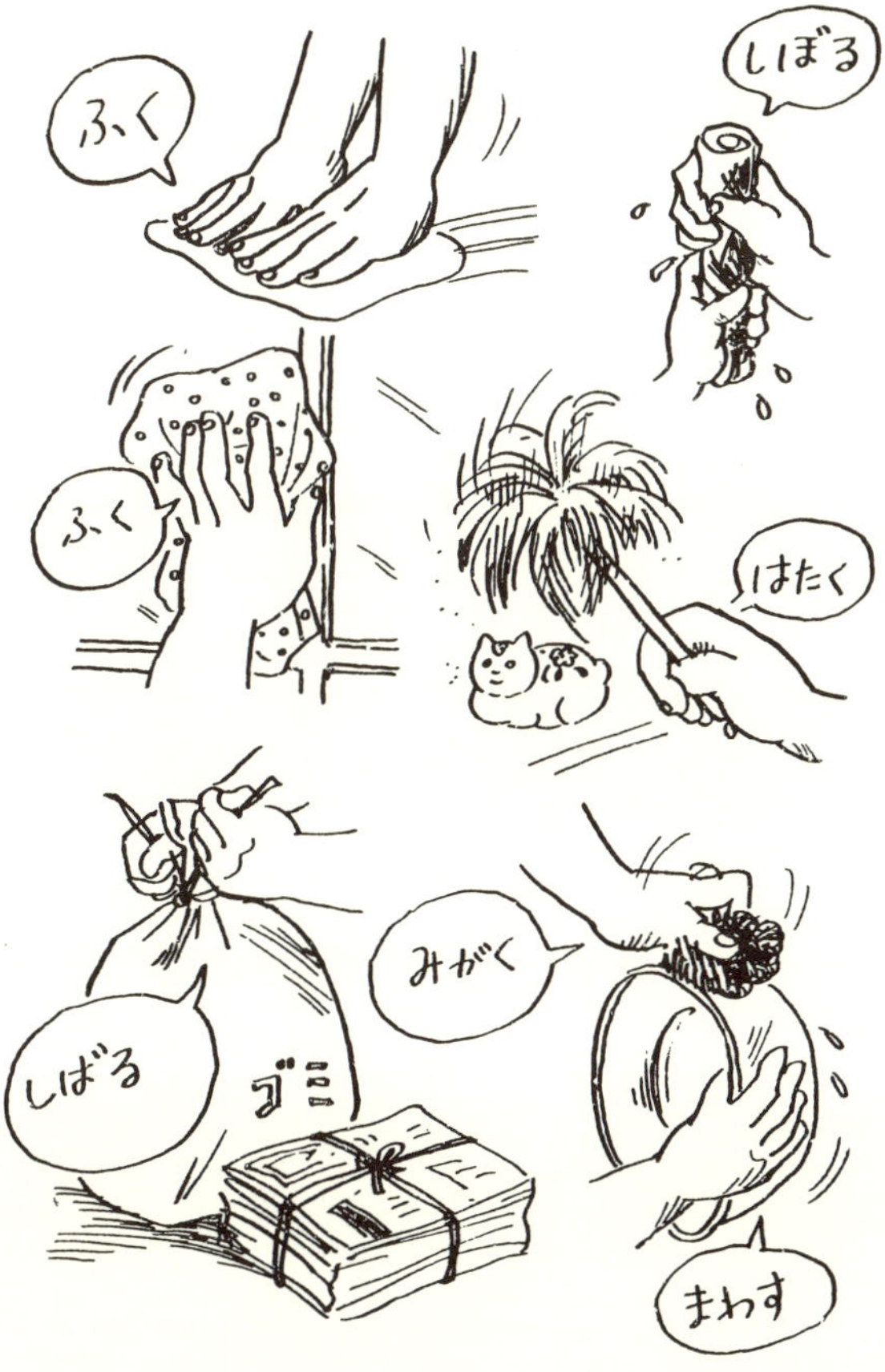

どんさせましょう。そして食事時に、できばえを大げさにほめ、感謝してやるなど話題にとりあげてください。

玉ねぎの皮むきは、両手を伸ばし、目や鼻から遠ざけてむかせます。それでも涙が出るかもしれませんが、この程度の刺激は粘膜を強化することにもなりますので、一個くらいならあまり気にすることはないようです。

指をひろげる

歌に合わせて指をパッとひろげたり
さっとつぼめたりして遊びます。
ママも楽しんでください。

ジャンケンのパーと指寄せ

思いっきり手の指を広げてください。ジャンケンのパーです。親指以外の指の間の角度は同じように広がっていますか。広げつづけていられるでしょうか。

いくつか遊びを紹介しましょう。

まず、広げた指を号令と同時にサッと中指のほうへ寄せます。手のひらが曲がってしまったり、とり残される指があったりして、うまく寄せられない場合は、お母さんが中指をつまんでやります。号令と同時に中指を軽く引っぱり、中指に意識を集中できるように手助けします。

次に、寄せた指を元のようにパッと一気に広げます。小指だけが広がりすぎて、うまくできなければ、中指の伸びきった関節の一つを少し曲げてやるとよいでしょう。しっかり指を広げて、その姿勢を続けさせると、すぐには指寄せができないものです。お母さんが手助けして、号令に合わせてさせてください。

歌に合わせて開いたりつぼめたり

そろえた指に力を入れてそらせ、小指だけ、人さし指だけを離してみましょう。251ページのように、ハトポッポの歌に合わせて遊んでください。他の歌でもできます。最初は、ふわっと力を抜いて練習してから、徐々に力を入れさせます。リズムを速くすると自然に力が入ります。

力を入れて手をそらしたまま、指を離したり寄せたりできるようになれば、パーッと広げた状態で中指だけを動かし、人さし指にくっつけたり、薬指にくっつけさせます。他の指は広げたままです。隣同士の指を自由につけたり離したりできるよう、左右の手でさせてください。

この指の動きは、まずお母さんが手本を見せ、それをまねさせるとよいでしょう。うまく動かせない指があれば、例にあげたハトポッポ遊びのように、他の動きもいろいろと歌に組み込んで工夫してください。お母さんが手をそえて、何度が練習しておぼえさせてから、歌に合わせて遊ばせます。単純な動きはおとなには退屈なものですが、幼児は意外に喜びます。

左右の手の指先だけを合わせ、互いに力を入れあって、指を広げたり、すぼめたりします。このとき、手のひら同士がつかないよう注意します。スピードを競争するのもよいでしょう。お母さんの手つきを見せ、手のひらが離れているかどうかチェックさせると、幼児はよく動きを見てくれるようになります。

「お母さんのようにうまくなりたい」と独習するようになれば、しめたものです。なにごとにも手を出し、やってみようという幼児の積極性を養うためにも、お母さんの働きかけは大切です。手が器用に動かせるようになることは、集団生活の中で失敗が少ないようにという親心からも必要です。

❖ 指をひろげる

ハトポッポの歌に合わせて指を
開いたり、とじたりしましょう。

ハシの持ち方

いろいろな手の動きがしっかりできるようになると、
ハシが使えるようになります。
ママも一緒に正しいハシづかいをマスターしましょう。

まず手をそえ、正しい姿勢で

赤ちゃんが親の持っているハシに手を伸ばし、自分で持ちたがれば、まず持たせてみます。このとき、お母さんが手を添えて、正しい姿勢で持たせることが大切です。

ハシに当たる指がどうしてもうまく固定できなければ、ハシを持たせるのは早すぎます。目などを突かないように注意しながら少し持たせてから、スプーンなどに代えます。勝手な持ち方をさせると、悪いクセがついてしまうので、よくありません。

誕生日前の赤ちゃんでも正しくハシを持って食事をすることはできますが、ハシ持ちの指づかいは、他のいろいろな手の動きがしっかりできることが条件です。お母さんも一緒に正しいハシづかいをマスターしてください。

ハシは、小さな手に合ったものがなければ上質の割りバシや利久バシ（中央が太く両端が細くて面のあるハシ）の頭のほうを折ってつくってください。親指のつけ根から人さし指の先までの二倍くらいの長さのハシが使いよいのです（図1）。角があるほうが

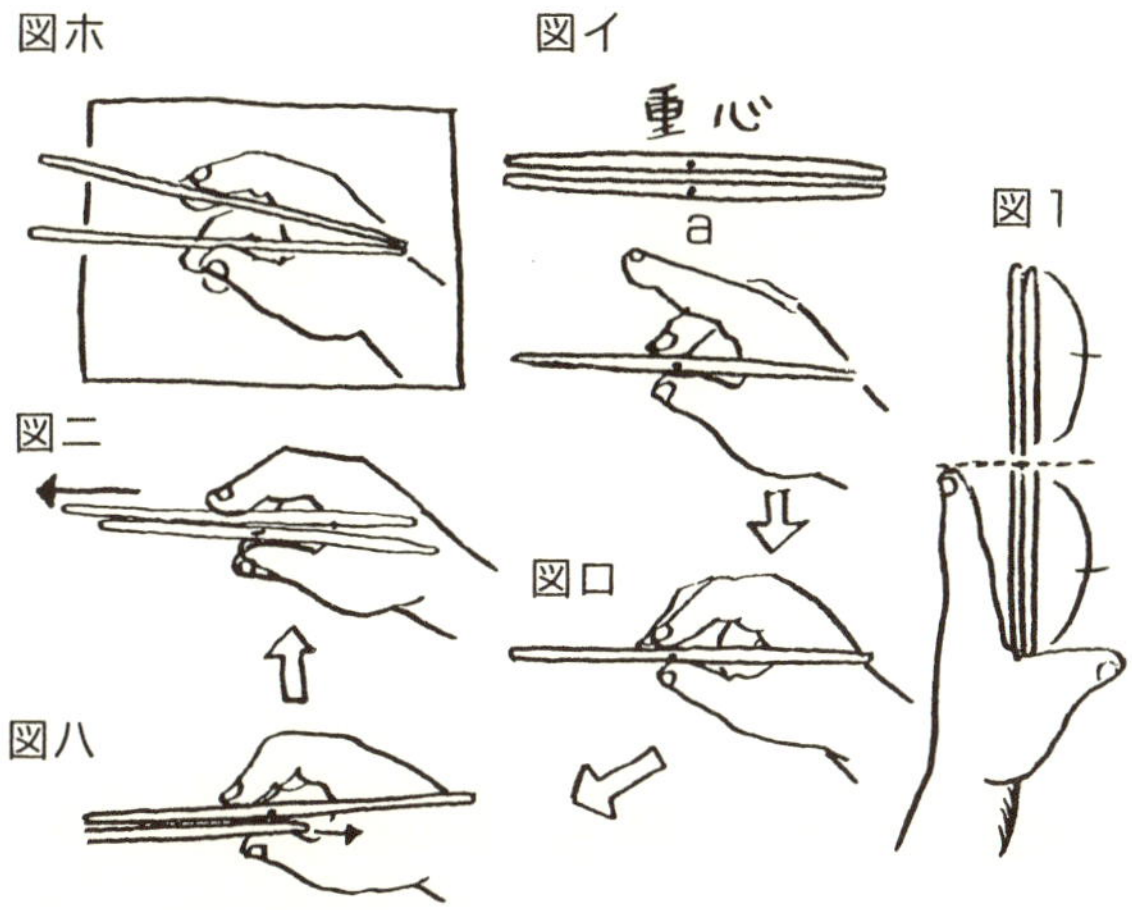

持ちやすく、持ち方の位置をおぼえるのには、ハシの頭と先とで太さの差があまり大きくないもののほうがよいでしょう。

ハシの持ち方

ハシは二本とも動かすのではありません。一本は固定され、一本が主として動きます。まず中指をハシの重心（図イのａ）に置き、親指で支えます。その上に人さし指を軽くのせます（ロ）。もう一本のハシを、薬指と中指の先に触れながら、すべり込ませます（ハ）。このとき親指の関節が伸びていると、ハシがすべり込むすきまができないので、軽く曲げるようにします。

次にハシ先をそろえ、あとからすべり込ませたハシを親指のつけ根にしっかり押しつけて、最初に持ったハシを抜き取ります。残ったハシは薬指と、親指の関節から根元にかけての部分とで固定します。そして人さし指と中指を伸ばし、手首を曲げます（ニ）。

ハシがすべり落ちないようになってから、伸ばした人さし指と中指をそろえ、わずかなすきまをつくってハシをはさみ、親指とでそのハシを支えます。人さし指はハシの重心に置きます。このハシを人さし指と中指の曲げ伸ばしで動かすことで、ハシ先が開閉し、ものをつまめるわけです（ホ）。ハシの重心は重要な位置です。特別に大きなものをつかむとき以外は、この重心から指が離れないよう注意してください。

ハシ先をそろえて「カチカチ」と音を出させてみましょう。何度か打つうちにハシの頭が触れて音がするのは、固定しておくほうのハシが動いているからです。ハシ先の音だけ、ハシ頭の音だけと選んで音が出せれば、フキンなどをつまませてみます。うまく持ち上げられれば、ハシづかいは完全です。ハシ先に力を集め、大きな力を出すことができて、はじめてそれ以下の弱い力をコントロールできます。それには正しい姿勢が必要です。正しい持ち方とは、道具としてのハシを十分に活用できる持ち方です。

しぼる

自分で体が洗えるようになったら、
専用のタオルをつくってあげましょう。
タオルは丸めたまま握って脱水させてはいけません。

握る力と手首の動きがポイント

私たちの日常生活から消えていった手の動きの中には、とても大切なものがあります。ぞうきんしぼりがそうです。これと同じような手の動きをする動作は、他に見つかりません。ひとりで体が洗えるようになれば、自分専用のタオルをつくって、入浴時などにしぼらせましょう。

まず、手に合ったタオルを用意します。大きすぎても、小さすぎても、うまくしぼれません。タオルは四つ折りにして、棒状に巻きます。このとき、人さし指と中指の長さより一割ほどゆとりをとった長さが円周になるくらいの太さで、長さは、握りこぶしの四本指の幅と親指の第一関節を合わせた長さの二倍になるようにします（図1）。

まず、タオルを四つ折りにして棒状に巻くことを教えます。タオルを丸めたまま握って脱水させてはいけません。しぼるという手の動きは、握る力だけでなく、手首の動き（回外・回内）が加わることが大事な点です。

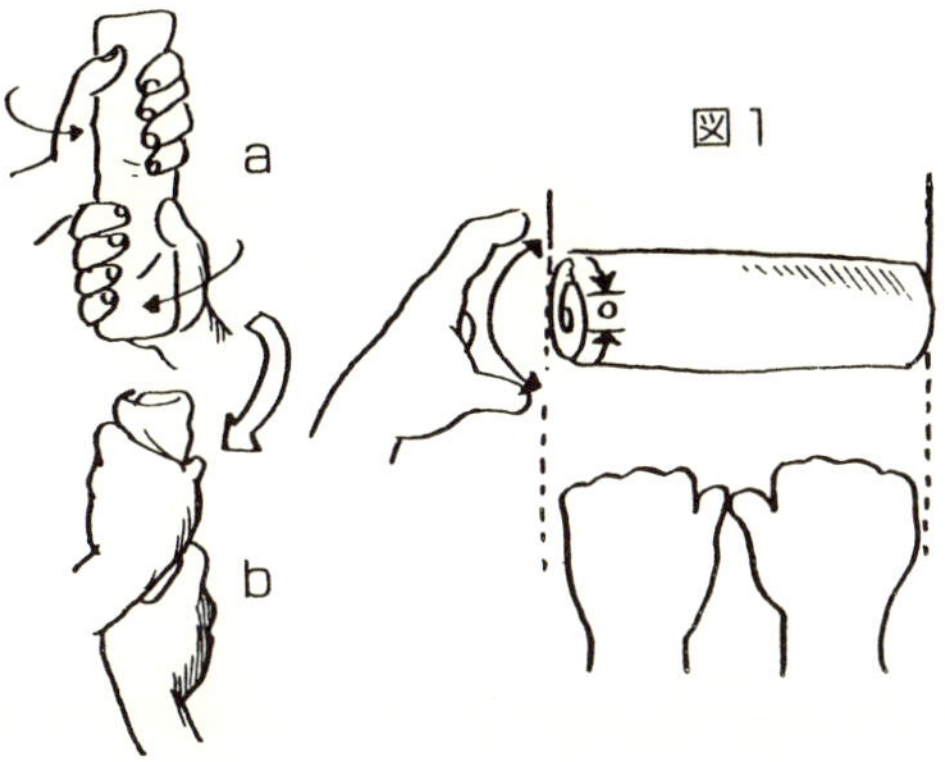

濡れた棒状のタオルを胸もと近くで、腕を曲げさせて持たせます。ちょうど剣道の竹刀を構えるときのような持ち方です。手はどちらが上でもかまいませんが、あとで二度しぼり、三度しぼりをするには、利き手が上にあるほうがうまく動かせます。

両手首をできるだけ内側に向けて握らせます。自分の目でタオルを握った手を見たとき、どの指も見えて、手の甲はあまり見えないよう、手首を強く曲げて持たせます。腕を曲げ胸もとに寄せたほうが手首をうまく曲げられます（図2のａ）。

手首を強くねじった持ち方ができれば、その腕を伸ばすことで手首も反対側に伸びるので、うまくしぼれます（図2のｂ）。

この腕の曲げが少なくてもしぼれるようになれば、体も濡れなくなります。

うまくできないときは、お母さんは子供と向かい合って、タオルを握った手首に近い前腕を外側（甲側）からしっかり持ち、自分のほうへ引き寄せます、子供の手首は不自然なゆがみができますが、そのまま動かさないようしんぼうさせ、「親指を押し出すように力を入れてごらん」と声をかけてやります。その掛け声に合わせて、タオルの握りを弱めずに一気に手首のねじりを反対側に動かせば、うまくしぼれるでしょう。

一回しぼることができれば成功ですが、お母さんは二度しぼりを幼児に見せておいてください。これは太いタオルや長い布地などをしぼる場合に必要なもので、一回しぼったあと上の手を離し、手首をねじったはじめの姿勢にして再び握り、同じ動作を繰り返します。利き手の力が強いとはかぎりません。力の強いほうの手でタオルをしっかり握り、ねじれをゆるませないようにします。しぼりはじめの手首のねじれを十分にとって握る。その布のよじれを強くしていくと、うまくしぼれるのです。

右利き左利き

利き手は左右の脳の分業に関連しています。
子供にとってどちらがよいかよく考えて、
トレーニングしてください。

生後1、2ヵ月ごろは両手を使わせて

これまで、とくに強調はしませんでしたが、手の訓練では、左右どちらもうまく使えるようにと、書いてきました。しかし赤ちゃんが自発的に手を動かしているのを見ていると、左右で違いのあることがわかります。

将来、右利きになる赤ちゃんは、たいてい右手のほうをよく使います。しかし、こんな赤ちゃんでも、生後一、二ヵ月ごろには、左の上腕を意味もなく動かしたり、左手をよく動かすこともあります。一方、将来、左利きになる赤ちゃんは、左手をよく使いますが、右手も動かします。こんな時期には、どちらの手も使うように心がけてください。そうしないと、一歳ぐらいで、握る力が左右で違ってきてしまいます。

人間の脳半球の働きは、左と右とで分業しており、左脳半球は言葉を使う働き、右脳半球は言葉を使わない働き（たとえば、空間関係を直観的に理解する）に関係しています。このことが、利き手と関係があるのです。

脳の分業は、言葉の使えない赤ちゃんでも、すでに起こっています。生後二ヵ月の赤ちゃんは、言葉には左脳のほうがよく反応するのに、雑音には右脳が反応します。ですから手の訓練も、この脳の分業にそったものでなければなりません。

手でものに触れるとき、複雑な形のものは、右利きの人は左手の手のひらで触れたほうがよくわかります。両手を使わせるときには、右利きの子供なら右手で主な作業をさせ、左手は補助として使うか、ものをさわるときには左手を使わせるのです。左手を遊ばせておくのはよくないし、左手で主な作業をするのもよくありません。

日本人の九〇％の赤ちゃんは右利きで、言語脳が左脳半球で問題はないのですが、左手をよく使う赤ちゃんに親は悩みます。将来、左利きになるのか、右利きに変えたほうがよいのか、と。

これはよく考えなければなりません。目的のない左上腕の動かし、左手使いの傾向が生後一、二ヵ月ごろに一時的に見られるのは問題になりません。あまり早い時期に、左手使いだと悩むことはないのです。

手の訓練も幼児の人格を尊重して

左手を使う赤ちゃんの場合、右手をよく使わせようとしても左手を使う傾向が強いと、将来、左利きになる確率が高くなります。このとき、右利きとして育てるか、左利きとして育てるかよく考えてみます。

左利きの人の中には、脳の関係が右利きの人とは逆転して、右脳半球が言語脳、左脳半球が空間脳となっている人がいます（左利きの三〇％）。しかし大部分の左利きの人は左右の半球とも、言語脳と空間脳の働きをしている傾向があり、はっきり分業していないのです。しかしこのような人の脳の働きは異常とか劣っているという意味ではありません。逆転脳の左利きの場合、右利きに変えることは、空間脳で言語を使わせることになるので不合理です。また右利きに変えることはきわめて難しく、左利きとして育てるべきです。このような左利きの中に非常に優れた芸術家や数学者がいます。

左右半球の分業の少ない左利きの場合、右利きに変えることが脳の発達に良いか悪い

かは、まだわかっていません。右利きに変えたときに、一時的に、どもったり発音がはっきりしなかったり、精神不安定になることがあります。分業の少ない左利きの子供では右利きに変えるべきかどうかは、将来その子が社会の中でどのように位置づけられるか、親としてよく考えてみる必要があります。

現代の社会は右利き優先で、左利きの人に不利なことがいろいろあります。電話の受話器は右利きの人用のみ、道具なども左利き用は少ないのが現状です。自動販売機でコインを、駅の改札口で切符を使うのは右手の方が使いやすいようになっています。左利きの人の能力が劣っていると考える人がいるなど、まだまだ日本は右利き社会なのです。はっきりした人生の方針ももたずに左利きを右利きに変えたり、変えなかったりすると、脳の発達がひずんだものとなります。

手の訓練も、幼児の人格を尊重したうえで、脳の発達を促すものでなくてはなりません。

手を使おう

近頃はいろいろな道具が作られていますが、
たえず手を使って大脳と手の神経回路を働かせ、
「手不器用病」を防いでください。

脳に神経回路ができ、運動学習を手助け

手の基本的な動かし方（つまむ、握るなど）に始まり、乳幼児の手づかいの具体的な方法を書いてきました。実際の生活に必要なものは、ほとんどすべて書いたつもりです。今まで書いてきたことをマスターした幼児は、大きくなって知的能力や運動能力を高めようとするとき、そうでない幼児より有利です。手を上手に動かすことで脳内につくられた神経回路網は、他の運動を学習するときにも働き、学習を助けるからです。

手を使うとき、脳の中の「大脳運動野」から手の筋肉へ指令が送られます。順番のある運動をするときには、「運動連合野」が働きます。また、運動のパターンを記憶するのに重要な働きをしているのが「小脳と運動連合野の内側にある領域・補足運動野」です。

体の成長とともに脳が大きくなるときに手の動かし方を学習していくと、そのための神経回路が働くようになり、脳が発達していきます。

手を使おう
ゆでた
青菜を
しぼる
皮むき
大根おろし
米の中から
小石などを取り除く
泡立て
洗いもの
こねる

脳を刺激する手の動き①

脳を刺激する手の動き②

「運動野と運動連合野」の発達は一歳でほぼ完成に近づき、「小脳」の発達は二歳でほぼ完成に近づきます。この時期ごろに手を上手に使えるような基本的な手の動かし方をさせておくと、道具としての手の使い方の基礎的なプログラムを脳に入れこんだことになります。

手を使って新しいものを創造するには、さらに手を使うことを繰り返さなくてはなりません。五年かかって百万回ほど同じ手作業を繰り返しても、手の動かし方はまだ上達していくというデータがあります。また幼児では年をとらなくては、手さばきのスピードは速くなっていきません。

考える働きをする「前頭連合野」が発達してくると、考えたことを、手を道具として使って表現できるようになります。文字を書く、絵を描く、工芸品を作る、楽器を弾いて感情を表現する——といったことができるのです。

〝手不器用病〟

近ごろは、ワープロ、電卓、鉛筆けずり器からリンゴむき器まで、手の働きを代替する道具がたくさん作られているので、油断をしていると、手を使わない病気〝手不器用病〟に感染してしまいます。

この病気に免疫になるためには、大脳の「運動野」と手の筋肉との間の神経回路を、たえず手を使うことで働ける状態にしておかないといけません。そうしておけば、道具として手を使うことができるようになります。

便利な道具を使いつつも、手を働かせることを考えて子育てをしなくてはいけない時代です。脳の働きを円滑にするための手の動かし方を心がけていなくてはならない時代です。近い将来、言葉で命令するだけで手の働きを代わってしてくれるロボットができるでしょうが、現状では自分の考えたことを手で表現しない場合は、言葉で表現して、他人の手を煩わして表現しなければなりません。

一度おぼえた手の使い方はしばらく使わなかったからといって、かんたんに忘れてしまうものではありません。運動の記憶は「小脳」で行なわれ、「大脳」で行なわれる記憶と大きな違いがあります。見たもの（風景）や聞いたもの（ことづて）などの記憶は、運動の記憶より忘れやすいものなのです。

「手におぼえさせる」という言葉は、じつは手を動かして小脳におぼえさせることなのです。小脳におぼえこませた運動記憶を、創造的に使うようになってほしいものです。

★本書はリヨン社発行の『新しい赤ちゃん教育』を加筆、訂正したものです。

すぐれた脳に育てる

2002年11月1日　第1刷発行
2009年8月5日　第18刷発行

著者――久保田　競
　　　　久保田　カヨ子
企画協力―久保田式脳力開発研究所
発行者――工藤　俊彰
発行所――BL出版株式会社
〒652-0846　神戸市兵庫区出在家町2-2-20
電話078-681-3111　http://www.blg.co.jp/blp
印刷・製本-丸山印刷株式会社

NDC376　274p　19×13cm

ISBN978-4-89238-541-4 C0037 Printed in Japan